どうせ社会は変えられないな[illegible]てだれが言った？

ベーシックサービスという革命

財政社会学者・慶應大学教授
井手英策
IDE EISAKU

小学館

はしがき

ベーシックサービス――いま、政治やメディアのあちこちで使われはじめている
この言葉、みなさんは聞いたことあります？

ベーシックインカムなら知ってるよ、という人は多いかもしれません。

でも、インカムじゃありません。サービスなんです。

お金じゃなく、医療や介護、教育といったサービスを、所得制限をつけずに、すべての人たちに配っていこうという提案、これがベーシックサービスです。

じつを言うと、このアイデア、いまから数年前に僕が提案したものなんです。そして、あれよあれよという間に、あちこちで使われるようになってしまいました。

べつに「俺が考案者だ！」といばりたいんじゃありません。

つくった以上は、どんな考えかたなのか、どんなメリットがあるのか、その特徴をあますところなく、みなさんにお話ししなきゃな、とは思っています。

でもそうじゃないんです。この本の目的は「解説」じゃないんです。

ベーシックサービスの考えを聞くと、おそらくほとんどの人が、「ふーん、たしかにそうなればいいんだけどね」っていう感想をもつんじゃないでしょうか。学校がタダ、病院がタダと言われれば、嬉しさ半分、嘘っぽさ半分ですよね。

僕がこの本で挑戦したいのは、この「ふーん」っていう空気なんです。

ポストコロナの日本はこのままでいいのかな、そんな不安ありませんか？

こうしたら、日本がもっとよくなるかも、そう思ったことないですか？

よしやろう、それでいこう、そんな前のめりな空気をつくりたくないですか？

そうなんです。僕がこの本を届けたいのは、社会の「語りかた／変えかた」に悩んでいる人たちなんです。自分や子どもの未来、何か考えたいな、何かしなきゃな、そうぼんやりと思いながら、なんとなく放置してる人たちなんです。

じゃあ、何から話しましょう。じつにむつかしい問題です。

でも、空気を変えると言いきるんなら、まずはこちらから本気で語りかけなきゃはじまりませんよね。あれこれ考えましたが、この本は、僕自身の痛みと悲しみをさらけ出すことからスタートします。

僕は学者です。だけど学者である前に人間です。僕には僕の生い立ちがあり、原体験があります。そして、それらが土台となって、理論ができて、その理論をリアルな政治に本気で突きつける、そんなどぎつい経験をしました。

思想は、理論と現実世界での体験とが混ざりあって生まれるもの。ですから、僕の理論に、これまで感じてきた痛みや悲しみ、そしてよろこびといった「想い」を重ねて、なぜポストコロナの日本でベーシックサービスが重要なのかを伝えていくつもりです。じゃないと、みなさんの心には絶対に届かない、そう思うからです。

心が震え、みながひざを打つような政策を示す。そんなことができるのかってみなさん思いますよね。僕にも分かりません。

でも、できないからやらないじゃ、何も変わりません。

空前かつ絶後の一冊を書きます。お前、ハードルあげすぎ、と笑わないでください。そんな楽天的な思考からはじまる本もあっていいじゃないですか！

目次

序章

不条理に怒りを！

第1章

政治に負けて生まれたベーシックサービス

第2章

私の幸せとあなたの幸せをひとつに

第3章

できる大改革 できない大改革

第4章

新型コロナウイルスが教えてくれたこと

第5章

ベーシックサービス、その先へ

序章　不条理に怒りを！

「俺のようになったらいけんよ」と僕が語るわけ

何をいきなり、と思われるかもしれませんが、聞いてください。

うちには4人の子どもがいます。長男は13歳で末っ子は1歳。まさに育児どまんなかなのですが、そんな僕がずっとためこんでいる悩みがあります。

それは、「子どもたちにどうやって社会を語ればいいんだろう問題」です。

最近、「俺のようになったらいけんよ」と思わず口にしてしまう自分がいます。

僕は大学の教員です。研究者であり、同時に、教育者です。そんな人間が子どもたちに「俺のようになるな」と言っている。おかしな話だと思いませんか？

でも、いまの僕にはこれよりいい言葉が見つからないんです。自分と同じ生きかたを押しつけても、彼らは幸せになれっこない、そう感じる自分がいるのです。

僕が大学生になったのはバブル崩壊直後の１９９１年でした。

当時、学生のなかでまことしやかに言われていたのは、「30歳で年収１０００万円ならしかたないよね」という話でした。僕の通った大学では、霞ヶ関にいくこと、公認会計士になることがまずあって、銀行、商社、証券などは、お給料がいいからしかたないね、そういう言われかたをしてたんです。

その話をふと思いだし、いまの30歳の平均年収はどれくらいなのか、慶應の学生たちに聞いてみたんですよね。その返事はこうでした。

「30歳ですか？　６００〜７００万円くらいですかね」

30年近くたつのに平均年収が僕たちの時代の６〜７割！　いったい何が起きてるの、ウソでしょ、と思わず聞きかえしてしまいました。

受験戦争を勝ち抜ければ、いい大学、いい会社に入れて、都会でゆたかに暮らしていける……僕たち「団塊ジュニア（１９７１〜74年生まれ世代）」は、どの世代にも増して、この成功モデルを実践してきたように思います。

高度経済成長を知る大人たちに導かれ、「努力の先に待つのは幸福だ」「未来のためにいまを犠牲にするのはしかたがないんだ」、みんながそう教えられてきました。

だけど、その足もとでは、土台が大きく揺らいでいました。そうです。1990年代の後半を境に、日本の経済はすっかり成長する力を失ってしまったのです。

自分で生きろ！　と言われても……

「衰退」の中身は、第1章でゆっくり話したいと思います。細かい話をする前に、まず確認しておきたいことがあるのです。

見かえりのないリスクを背負うのはだれだっていやですよね。

子どもを不安にさらしたいと思う大人もいないでしょう。

だったら、所得が増えないなかで、大人たちが出産をあきらめるのは、当然のことだと思いませんか？　子どもにかかるお金を減らして、将来のために取っておこうとするのは自然なこと。なんと言っても最後に頼れるのはお金ですもんね。

もし、子どもを産めたとしても、数はかぎられますよね。そして、子どもの教育に投資するために、消費をけずって貯蓄にまわさなければならないはず。

日本政策金融公庫の調査によると、教育費の捻出方法の1位は「節約」、2位は「預貯金や保険の取り崩し」、まあ、そうだよね、という感じですよね。

ようするに、子どもを産んでも、産まなくても、貯蓄が大事なわけです。収入が減っても貯蓄だけは減らせないんです。かわりに減るのは消費。だから、経済がますます停滞し、雇用もダメになるという悪循環が生まれてるわけです。

じつは、日本だけでなく、たいていの先進国でもこの問題は起きています。

でも、大きなちがいがひとつあります。それは、日本は「自分だけの力」で生きていくことを大切にする国だ、ということです。

そんなの当たり前じゃん、という声が聞こえてきそうです。

でもそうでしょうか？　ヨーロッパにいけば、国がさまざまなプログラムを準備してくれています。失業したとき、子どもを産み育てるとき、家族の介護のために仕事をはなれるとき、受けられる保障のレベルが日本とはまるでちがいます。

図序―1　現役世代向け社会保障支出の対GDP比の各国比較

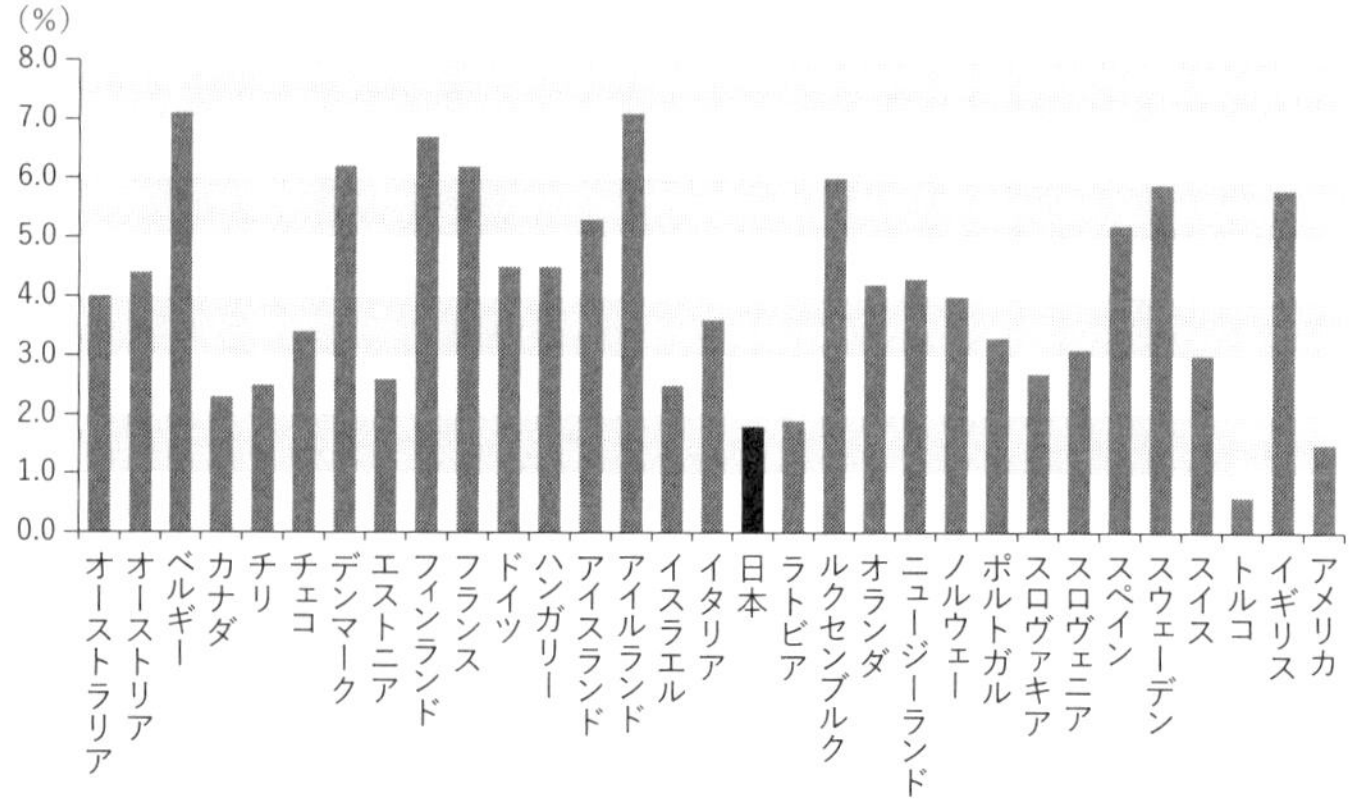

出所：OECD. statより作成
注：現役世代向けは「家族」「住宅」「失業」「積極的労働市場政策」の合計。

反対に、日本では、将来の「必要」に貯蓄でそなえなければなりません。

図序―1を見てください。日本は現役世代への暮らしの保障がとても弱いことがひと目でわかりますよね。ここには教育費が入っていませんが、大学の授業料の自費負担は先進国でトップレベルです。病院のお金、子どもの教育費、家の購入、何もかもが自己責任という社会になっているのです。

だからみなさんに聞きたいんです。細りゆく経済と社会を残されていく子どもたちに言えますか？

大人たちのように頑張りなさい、そうすれば幸せになれるよ、って。

あきらめたらダメでしょ

「団塊ジュニア」の僕たちは、少しでもよい見晴らしを手に入れたくて、山の高みをめざして突っ走ってきました。20代、30代の人たちも同じ感じですか？

だけど、ふと気づけば、登っている山が地盤沈下を起こしていました。もがき苦しんで頂上にたどり着いたのに、見晴らしがたいして変わらないことを知り、多くの人がガッカリしている、これが日本社会の「いま」じゃないでしょうか。

でも、だからと言って、「頑張れば必ず報われるよ」「とにかくいい学校に、いい会社にいきなさい」という価値観を捨てるのは簡単じゃないですよね。

だって、僕たちの力では、社会を変えることができないのですから。

僕たちの経済は昔の経済とはちがう。お金よりもっと大事なことがある。なんとなく気づいてはいても、「受験から降りてもいいよ」とはなかなか言いだせませんよね。それもそのはず。社会のしくみが競争を前提にしているのですから。それがたとえムリな競争だったとしても……。

でも、この「あきらめ」は、本当にしかたないことなんでしょうか。

僕にはそう思えません。と言うか、思いたくありません。

だって、大人のごまかしをすりこまれる子どもたちは、たまらないじゃないですか。それなりの学校にいけば幸せになれるから、そう言いふくめて、細りゆく未来に子どもを投げだすわけです。とてもじゃありませんが、僕には怖くてそんなことできません。

「井手さんはいいよ。競争に勝って、大学の教授になったんだから。だから社会を変えよう、しくみを変えようなんて、できもしないこと考えるんだよ」

「競争の何がいけないの？　グズグズ言ってるひまがあったら、競争に勝つために頑張ったほうがいいんじゃない？」

こんなふうに感じる人もいるかもしれません。

でも、もうちょっとガマンして聞いてください。「俺のようになったらいいけんよ」というメッセージの裏には、苦くて、つらい記憶があるのです。

僕が助かると家族が不幸になる社会

それは2011年4月16日のことでした。僕は脳挫傷で死にかけました。東日本大震災の直後、なだれのように舞いこむ仕事の合間をぬって、僕は、被災した友人たちの支援に現地入りしてました。東京に戻ってから数日後のこと、過労で倒れてしまい、頭を床に強く打ちつけてしまったのです。

頭のなかの血が止まるかどうか。僕の命は運にまかされました。

止まらなければ、死ぬか、大きな障がいが残るか、どちらかです。死ねばいいんです。住宅ローンは消え、生命保険がおりますから。でも、うっかり生きのびて、働けなくなったら大変。家を手放し、子どもは進学をあきらめなきゃいけません。

僕はくやしくて、くやしくて、病院のベッドで布団をかぶって泣きました。

みなさんに聞きたいんです。

これは、井手英策の個人的な問題でしょうか。それとも社会問題でしょうか。

うちは専業主婦世帯でしたが、高収入のカップルを考えてみましょう。もし片方が心の病にたおれて失業すれば、住宅ローンや子どもの教育費はどうなります？ここでも話は同じ。いっそ死んだほうが、家族の暮らしは確実に安定します。

介護のために仕事をやめる人が大勢います。肉体的にはもちろん、金銭的にも大きな負担になりますよね。このとき、悲しいけれど、「もし親がいなければ……」と思った人は少なからずいるはずです。大切な家族をお金と天秤にかけなければいけない。その苦しみはいかばかりでしょう。

人間が生きのびると家族が不幸になる社会。どう考えてもおかしくないですか？

僕は運よく助かりました。でも、運が悪ければ、すべてをなくしたかもしれない。

僕はそのことを骨身にしみてわかっています。そして……この恐怖は、まずしい人たちだけではなく、すべての人たちにひらかれているのです。

次の章でお話ししますが、正社員への道は、せまく、けわしいものになりました。運が悪ければ人生を棒にふってしまいます。だからいま、大勢の大人たちが日々の暮らしに、老後の暮らしに、言い知れぬ不安を抱え、おびえています。

それなのに、僕たちは、そんな不安定な社会に人生を賭け、未来の幸せのためにいまをガマンしろ、と子どもたちに言わなきゃならないのです。仮に正社員になれても、成長は行きづまり、奪いあいが待ち受けているとわかっているのに、まずしくなるよりましだから頑張れと背中をおさなければいけないのです。

これって、「勝つための競争」じゃなく、「負けないための競争」ですよね。

僕は学者です。20年以上研究を続けて、社会のあちこちにある「生きづらさ」に気づきました。このくたびれた社会を放ったらかしにするんだとしたら、いったいなんのために研究者になったのでしょう。ずっと自問自答していました。

でも僕だけじゃありません。この社会をつくってきた／つくっている大人のみなさん。僕たちは、親として、先に生まれた先輩として、いったいどんな顔をして、どんなふうに子どもたちに「社会」を語ればよいのでしょう。

これがみなさんに投げかけたい僕の悩みです。

みなさんと社会の「語りかた／変えかた」を考えたい

まずしさのない社会はすばらしい社会です。でも、貧困への想像力をなくした社会は、困っている人たちに関心すらもてない、さみしい社会かもしれません。

いくつかの国際統計を見てみましょう。

「日本の所得の格差は大きすぎる」

「所得の格差を縮めるのは、政府の責任である」

「政府は、失業者がそれなりの生活水準を維持できるようにすべきだ」

これらの問いに賛成した日本人の割合は、それぞれ42の国・地域のなかで30位、

36位、28位です。なんか悲しくなりませんか？

所得格差を小さくするのはふたつの方法があります。ひとつは、まずしい人にお金をあげること。もうひとつは、お金持ちに税をかけること。OECD（経済協力開発機構）21カ国のなかで、このふたつの「格差是正力」をくらべると、日本は、前者は19位、後者はビリです。

明らかに僕たちは所得格差、まずしい人たちにたいする興味を失いつつあります。運がよければそれでいいんです。幸せに生きていけますから。

でも、悪ければ、最悪です。どんなにキャリアを積んでも、ちょっとしたきっかけで奈落の底に突き落とされます。まずしい人に無関心で冷淡な社会は、いつ、自分や子どもたちに牙をむくかわかりません。

いつからこんなことになったのでしょう。

戦後しばらくはちがいました。戦争に敗れ、多くの人たちが、飢えやまずしさを経験したからです。だから、僕たちの親世代は、貧困のない社会をつくろうと必死に努力しました。その努力は、偉大でした。おかげで、ほとんどの人が生きるか死ぬかという不安から解放されることができました。

でも、幸福な時代は終わりました。

一方で、貧困から自由になった僕たちは、まずしさや飢えの苦しみを知らずに育ちました。他方で、収入は年を追うごとに、伸び悩んでいきました。

貧困を想像できない僕たちにとって、大切なのは、人の痛みよりも自分の暮らしです。多くの人たちが生活を守るために、子どもを減らし、欲しいものをあきらめ、人並みの暮らしをなんとか維持しようと必死になって生きています。

貧困への想像力を失い、いろんな欲求を抑えながらなんとか生きている人たちからすれば、自分と同じように苦しむことなく、国の金に頼ってのほほんと生きているように見える人たちが気に入らないのも道理ですよね。

自分だってしんどいんだからお前もガマンしろという、自己責任や自助努力をもとめる声、同調圧力が社会にあふれかえるようになりました。

僕たちは、漠然とした不安と生きづらさに覆われた社会を生きています。このモヤモヤした社会を、そのまま残して死んでいっていいのでしょうか。

僕はいやです。恐怖や不安ではなく、希望を語りあえる、生まれてよかったと言える社会を子どもたちに残したい。

だからみなさんと考えたいのです。「社会の語りかた／変えかた」について。

不条理に怒りを！

なんか、ここまでのこの短い文を書くだけで、ものすごいエネルギーを使いました。みなさんにどのくらい想いが伝わったのかわかりませんが、まずは僕からみなさんにボールを投げないと、何もはじまりませんものね。

次の章からは、いろんなデータをお見せし、歴史に、他の国の経験に学びながらお話をすすめていきます。ですが、もう一点、僕自身の体験、社会の不条理さの意味をみなさんに問いかけたいと思います。

じつを言うと、僕自身、まずしい家庭で育ったんです。母子家庭の生まれで、母のスナックのカウンターで勉強して大きくなりました。

のちほどお話をしますが、子どものとき、若いときの体験は、僕の思想に大きな影響をあたえました。これからの僕の議論にいくらかでもリアリティがあるとすれば、それは論理の正しさだけでなく、僕の実体験が理由かもしれません。

でも、苦い経験もあるんです。まずしさのなかで育まれた価値観を子どもたちに伝えたいと思い、話したことがありました。何かを感じてほしかったんです。

でも、実感のない、遠い昔の物語を聞いて、簡単に共感してくれるはずもありませんよね。僕は、次第にこう思うようになりました。自分の体験を聞かせるだけじゃなく、この社会に満ちあふれている不条理を語ろう、そのことをどう感じるか、繰りかえしたずねていくことしかできないな、って。

13歳の長男に何度も聞いた、同じ質問を、みなさんにさせてください。

子どもは親を選べません。なのに、まずしい家に生まれたというだけで大学や病院にいけない子どもがいます。そんな社会は「公正」な社会ですか？

生まれたときに障がいがある子がいます。それだけの理由で、一生、いろんなことをあきらめなければいけない社会が「公正」な社会ですか？

うちには3人の娘がいます。女の子として生まれたというだけで、出産を理由に大好きな仕事をやめなければいけない社会は「公正」な社会ですか？

教えてください。自分が当事者だったら、不運な側だったら、この不条理を「しかたないでしょ」ですませられますか？

僕は願っています。社会から「公正さ」が失われていることへの気づきが「不条理への怒り」につながることを。ステファン・エセルは、『怒れ！憤れ！』という本のなかで、「怒り」は人間の大切な感情のひとつだと訴えました。

僕は同じことを親として子どもに教えたい。みなさんに語りかけたいのです。

政治家のせいだ、はもう聞きあきた

もうひとつみなさんに伝えたいことがあります。

それは、社会のありかたを自身の問題に置きかえて考えることの意味です。

日本は本当に現役世代への保障が弱い国です。失業保険の給付対象者は少なく、他の先進国では当たり前の住宅手当すらありません。

さらに、大学を中心とした高等教育の自費負担、医療や介護の自費負担がくわわるので、いまの暮らしも、老後の暮らしも安心できないのが現状です。

生活の安心が保障されない国であるかぎり、子どもたちを永遠に受験戦争に巻きこみ、競争を強いるしかありません。だって、自己責任を果たせる経済力のある大人になってもらうしか、自力で生きていく道はないのですから。

もちろん、競争して切磋琢磨することの大事さは僕もわかっています。でも、人間に競争を押しつける社会は、自由を否定する社会とどこがちがうのでしょうか。

・競・争・を・選・べ・る・ことこそ、自由な社会の前提のはずです。

競争を押しつける社会は、自己責任で生きていけない人たちを見下すような空気を生みます。競争の敗者は、努力の足りない人、情けない人だとみなされます。そして、必ず、その冷たい空気は、自分に、子どもたちに、ブーメランのように跳ねかえり、私たちの身を切りつけることでしょう。

競争を選べる社会をつくろう――僕の提案に賛成してくれる人はいるでしょう。でも、僕の思いが、期待どおり、多くの人たちに届く自信がどうにももてません。社会を変えよう、よりよい社会をつくろう、こう言えば、冷めた目で見られるに決まっている、そんな決めつけめいたものが僕のなかにもあるからです。

こんな世の中は、いつ生まれたのでしょう。いつから、自分たちのことをたなにあげ、政治家をさげすみ、ののしることで満足する社会になったのでしょう。

政治不信は深刻です。実際、目を覆いたくなるような、くだらない事件が次々に起きています。でも、心ある政治家もいれば、人の悪口を言っているだけでは何も変わらないことに気づいている人たちもたくさんいます。

これが最後の希望だと思うんです。だからこそ僕は、この本のなかで、捨て身の丸腰になって、みなさんに僕の思いの丈をぶつけたいのです。

不安な未来に子どもを投げだす、下手に生きのびれば家族が迷惑する、そんな社会は不条理です。この不条理を終わらせるのは、政治の力であり、僕たちの力です。

将来のビジョンを示す政党を見きわめ、僕たちの大切な1票を投じていかねばなりません。でもそのためには、さまざまな政策の束を見つめ、比べ、選びとる、そんな僕たちの力が問われます。そんな力を僕たちは身につけなければいけません。

これはしんどいことです。でも、子どもたちとともに、公正さについて考え、不条理への怒りを感じるようになったとき、そのときが本当のスタートです。政治を支配し、社会を我が物のようにあつかってきた人たちは、国民を恐れ、その人たちの暮らしを考えざるを得なくなるはずですから。

政治に失望し、だまりこむのではなく、怒り、発言する、この「精神的な自立」のためにできることをなんでもやる。それが親であり、教育者であり、研究者である僕のつとめだと思っています。

捨て身の丸腰で、と言いました。これまで僕が考えてきたこと、体験したこと、そしてこみあげてくる思いを、そのままみなさんにぶつけていきます。

正直、熱苦しい本になる予感しかしません。

でも、生活の安心を土台に、すべての大人たちと子どもたちが「社会」を語りあえる時代がくればどんなに愉快なことでしょう。

自分たちの生きる社会の不条理を考え、答えを探す、そんなささやかな努力の先に、未来の幸せよりも、いまの目の前の幸せを大事にできる、おだやかな世界が待っているような気がしてなりません。

僕はもっと語りあいたいんです。子どもたちと。みなさんと。僕たちのいまについて。そして、日本のこれからについて。

第1章

政治に負けて生まれたベーシックサービス

まさか、あの自民党が！

社会を語ろう、そして変えよう。

いきなりこんなこと言われても、99％の人たちは、意識高い系のインテリの「たわごと」だと思うか、活動家にありがちな「思いこみ」だと思うかもしれません。その批判はもっともなものです。6年前の僕なら同じことを感じたでしょう。

6年前、そう、6年前の僕ならそう言ったはずなんです。でも、この6年間で僕の考えかたは大きく変わりました。この章では、ひとりの学者が社会を本気で変えようと決意し、立ちあがり、政治に振りまわされ、まさかの結果に自失したのち、この本を書く決意をする、そんな波乱万丈の物語を紹介しようと思います。

２０１７年9月25日、安倍晋三首相（当時）は、次のように記者会見で述べ、衆議院の解散を宣言しました。

「少子高齢化という最大の課題を克服するため、我が国の経済社会システムの大改革に挑戦する。私はそう決断いたしました。そして、子育て世代への投資を拡充するため、これまでお約束していた消費税の使い道を見直すことを、本日、決断しました。国民のみな様とのお約束を変更し、国民生活に関わる重い決断を行う以上、速やかに国民の信を問わねばならない。そう決心いたしました。28日に、衆議院を解散いたします」

一見するとふつうの会見ですよね。でも正直、僕には「衝撃」という言葉以外、しっくりくる表現が見つかりませんでした。

いったいどこが衝撃なのか、その説明からはじめましょう。

ひとつめは、消費税の使いみちを変えるという提案を、あの自民党が言いだした、というおどろきです。

２０１９年10月に消費税を８％から10％にあげることが予定されていました。その税収の使いみちを変えて、全家庭の幼稚園と保育所をタダにし、くわえて、まずしい家庭の子どもたちの大学授業料もタダにすることが決まったのです。

みなさんもご存じのとおり、自民党は保守政党です。戦後、先進国のなかでもっとも小さな政府のひとつをつくったのは、ほかでもない、自民党です。アメリカでもそうですよね。保守系の共和党は、減税を好み、社会保障の充実よりも、自助努力を大事にし、小さな政府を追いもとめてきました。

1970年代の終わりに出された自民党の研修叢書に『日本型福祉社会』という本があります。そこでは、税金をあげ、福祉を充実させることがいかに人間を甘えさせ、社会をダメにするかが執拗なまでにあげつらわれていました。

いま読むとおどろくような表現のオンパレードです。当時、社会保障が充実している国として知られていたイギリスを「経済的糖尿病」とあざけり、スウェーデンにいたっては「スウェーデン病」とレッテル貼りをしてののしっていました。保守派の哲学が、かなりゆがんだかたちで描かれた「教科書」でした。

そんな歴史を僕は知っていましたから、税金をあげ、幼保教育や大学教育の充実をはかる、と自民党が言いだしたことは、ショッキングなできごとでした。とくに幼保の無償化では、低所得層だけでなく、すべての人たちが対象となっていて、その信を問うために衆議院を解散すると首相がおっしゃったのですから。

歴史は変わったなぁ、そう強く感じた瞬間でした。

世の中がよくなるのならだれがやってもいいけれど

でも正直に言いますと、以上のおどろきは学者的な意味でのおどろき、強いて言えば、「衝撃」の一歩手前のようなものでした。

本当のおどろき、それは、これらの政策が僕の訴えそのものだったことです。別に、幼保や大学の無償化が僕の手柄だと言いたいわけではありません。そうじゃなくて、僕は、みなさんに「社会を変える」という言葉のリアリティを感じてほしいんです。

真意を伝えるために、少し踏みこんだ話をしましょう。とても心の痛む話です。

時計の針は２０１５年６月４日に戻ります。

そのころ僕は、政治にさほど関心をもっていませんでした。たまたま、当時の民主党のかたに呼んでいただき、お話をする機会をいただいたのですが、そこで、前原誠司さんの目に止まったのが僕の人生を変えました。

三顧の礼という言葉がありますよね。前原さんは、まさにこの言葉のとおり、3回も僕にごあいさつくださいました。最後は、僕の住む神奈川県の小田原市にまで足を運んでくださり、深々と頭をさげながらこう言われました。

「国民国家のために私は命を懸けたい。どうか私をお支えください」

もし同じことを、同じ迫力で枝野幸男さんに言われれば枝野さんの、小泉進次郎さんに言われれば、小泉さんのお手伝いをしたでしょう。それくらい、前原さんの目は本気でした。僕が腹をくくるのに十分な出会いでした。

こうして、僕は、民主党、そして名前の変わった民進党の政策づくりをお手伝いすることになったわけです。いま思えば、この「えいや」がだいぶすごいことだったわけですけれど……。

冗談はさておき、僕が大事にしてきたのは、人間の「自由の条件」を考えることでした。そのころ、ぼんやりとではありますが、自由を追いもとめる人たちの「かたまり」をつくりたいなぁ、と考えてたんです。もちろんそんな力は僕にはありません。でも、前原さんとの出会いをきっかけに、僕は民主党をその「かたまり」にできるんじゃないか、そう本気で考えるようになっていったんです。

いま思えば、こんなのただの思いあがりですよね。みなさんも、勘ちがいするなよ、と思っていることでしょう。

でも歴史はときに不思議ないたずらをするものです。

2017年3月12日、僕は民進党の党大会に呼んでいただきました。お題目はふつうの来賓あいさつです。でも、ここが勝負どころだと思った僕は、原稿を何度も何度も書き直し、渾身の力をこめて、こう呼びかけました。


「勝てる勝負、強い者の応援ならば、誰にだってできます。しかし、そんなものは僕にとっては全く何の価値もないことです。一介の学者に向けられた政治家の熱い思いに応えよう、もがき苦しみながらも強い者に立ち向かおうとする民進党の皆さんとともに、国民が夢を託すもう一つの選択肢をつくることができる。こんなに愉快なことがありますか」

このときのスピーチはネットでも公開され、のちに与野党の垣根を超えて知られることになりました。まさにこの瞬間、学者としての一線を超えて、自由の条件をつくり変えるために発言する、そんな僕の「自由への闘い」の幕が切って落とされたのでした。

自民党は、そこまでやるのか！

僕の提案した政策はとてもシンプルなものだったんです。8%から10%へと引きあげが予定されていた消費税の使いみちを変え、財政の生活保障を思いきって強めるというものです。これが僕の「2%組み替え論」です。

2%の使いみちを変更し、財政赤字を減らすことにむかうはずだった財源を、幼保や大学の無償化、医療・介護の負担軽減に振りむけるというアイデアです。

だいぶ遠まわりしましたが、これで僕が衝撃を受けた理由もおわかりですよね。

冒頭の９月の安倍さんの言葉をもう一度見てください。まさに「２％組み替え論」そのものなんです。僕の提案があっさりと自民党に取り入れられたのです。

じつを言いますと、２０１７年４月の段階で「どうも官邸が井手さんの議論に乗りそうだ」という噂話が聞こえてきていました。自民党が政策を変更したあとも、パクリだ、抱きつきだ、など、いろんな声が寄せられました。

でも、お金の心配をせずに子どもを幼稚園や保育所、大学にいかせられる社会は、いい社会です。だれがやるかは本質的な問題じゃない、こちらはもっといい政策を考えればいいんだし、相手を非難することに意味はない、そう僕は思ってました。

とは言え、自民党の政策理念からは、真逆の場所にあったはずの僕たちの主張。それだけに、「自民党はそこまでやるか、すごいなぁ」と、まるで他人事のような、不思議な気持ちになったのも事実です。これは嫌味じゃありません。勝利への執念と言えばいいんでしょうか、ぶっちゃけ、すごみすら感じました。

そんな衝撃の記者会見からわずか３日後。さらなる衝撃が待ち受けていました。

民進党が希望の党との合流を発表したのです。

蓮舫さんが民進党の代表を務めていたとき、前原さんをトップにすえた「尊厳ある生活保障総合調査会」というものができたんです。僕は、毎回、オブザーバーとしてそれに参加させてもらっていました。

多くの議員さんが参加されるなか、民進党のあるべき政策を熱心に、時間をかけて議論していきました。民主的で、丁寧なやりかたは、前原さんの評価を明らかに高めたと僕は思っています。だからこそ、と言いたいのですが、彼は、枝野さんとの激戦を制し、民進党の代表の座にのぼりつめました。

代表選挙が9月1日、さあ、これからというときでした。ひと月もたたない9月27日、民進党が希望の党に合流するという報道が飛びこんできたのです。

いまだから話せる希望の党への合流問題

忘れもしません。それを知ったのは、大学の講義の合間の休み時間でした。スマホでニュースを見ていたら飛びこんできた「合流」の二文字。絶句しました。

政治の決断は政治家がおこなうものであって、僕におうかがいを立てる必要などありません。それ以前に、政治家にはその時どきの状況にふさわしい、合理的な判断がもとめられます。僕への義理など考える必要はまったくありません。

とはいえ、さすがに心は揺れに揺れました。僕がこの問題を前原さんと話したのは、合流を知った翌々日のことでした。

「落選する議員をひとりでも減らすためなら、私はなんでもやります」

前原さんの決意と高揚した雰囲気がヒシヒシと伝わってきました。実際、あのとき、政権交代が起きるかも、という空気はにわかに強まっていました。

でもその高揚感とは反対に、僕は困り果てていました。なぜなら、自分の考えとちがう人たちのお手伝いをできるとは、とても思えなかったからです。

えらそうな言いかたになりますが、僕は、民進党のみなさんとお付きあいさせていただくなかで、一度たりとも、政策で妥協したことはありませんでした。

僕は「自由の条件」を考える「かたまり」をつくりたかったし、同じ気持ちの人たちが結集する旗を立てたいと本気で思っていました。でも、僕は運動家ではなく、学者です。政治の勝ち負けのために自分の魂を売り飛ばすわけにはいきません。

そのころの希望の党は、消費税の増税凍結を訴えはじめていました。さらには「ベーシックインカム」に近い話も聞こえてきていました。3章でくわしくお話ししますが、僕はこれらの政策には反対の立場でした。

「アイデンティティ・クライシス」と書かれたメモ書きが、10月3日付の僕のフェイスブックの投稿に残ってるんです。それを読むと、腸が七転するほどもがき苦しんだ当時の様子がよくわかります。

僕には、民進党のみなさんへの義理があります。でも学者としての意地もあります。お世話になった人たちとの関係は精一杯大事にするけれど、希望の党を応援することだけはできない、そう僕は前原さんに伝えてました。

民進党は分裂し、立憲民主党が生まれました。希望の党に移った民進党の人たちは、その後、国民民主党を結成しました。さらにしばらくして、両党の合流がくわだてられましたが、国民民主党の一部メンバーはこれを拒み、分裂状況が続いたまま、いまにいたっています。

もともとの仲間のうち、どちらか一方だけを応援することはできません。あるいは、前原さんがダメなら次はこの人、というしたたかさも僕にはありません。

先の党大会で、僕はこのように言っていました。

「人間には、生まれたことの意味を知る瞬間があるのではないかと思います。それはまさに僕にとっていまこの瞬間です。学者としての命を懸けるならここだ、そういう覚悟でいまこの場に立たせていただいております」

あのときの決意は揺るぎません。でも、僕の学者生命を懸けた闘いは、いともあつけなく、終わりをむかえました。僕の敗北とともに。

幻のマニフェスト みなさんならどちらに投票した？

前原民進党は、実質的には、わずか1カ月の命でした。でも、その短い時間のなかで、政策づくりのお手伝いをさせてもらい、2017年衆院選の選挙公約の中身を議論する場にくわえていただきました。

じつはいまでもネット上で見ることができるのですが、これは、希望の党への合流によって立ち消えになった、「幻のマニフェスト」でした。

自民党に政策を持っていかれたことじたい、おどろきはしたものの、大きな痛手ではありませんでした。むしろワクワクしていたんです。

与党は、2%のうちの1%を幼保無償化とまずしい家庭の大学無償化に振りむける、と提案しました。これにたいして、僕と党のみなさんは、同じ2%の増税で入ってくるお金をフル活用する案をつくってやろう、そう意気ごんでいました。

医療費、介護費の年間負担額に上限を設ける「総合合算制度」は目玉のひとつでした。子育て世代だけではなく、高齢者や子どものいないカップルにもきちんと届く政策を考えたかったからです。

大学の無償化についても所得制限をかなりゆるめる方向をめざしました。すべての階層を無料にはできませんが、与党よりもはるかに寛大な無償化を考えてたんです。

また、次の章でもお話ししますが、住宅手当の創設もあわせて提案しました。これさえあれば、まずしい人たちの消費税負担は一気に吹っ飛びます。

じつを言いますと、幼保を無償化すると、むしろ所得格差がひらくことに僕は気づいていたんです。すでに低所得層の利用料は無償化されていたり、低額だったりしたものですから、無償化のメリットは中高所得層にいってしまうんです。

そこで、僕たちは、大企業や富裕層への増税をセットで打ちだしました。

僕は消費税支持者です。ですので、消費税を嫌う左派政党やその支持者からは、まさに目の敵のように批判されていました。ですが、そんな批判を横目に見ながら、子どもの学びの場はすべての子どもたちに、格差は、お金持ちへの増税で、というパッケージを思いきって提示したのでした。

ここでみなさんにお聞きしたいことがあります。

一方では、増税に反対する人たちがいます。たしかに増税がなければ、取られる分は少なくてすみますよね。だけど、それはマイナスがゼロになるということであって、増税がなくなることで、よりよい社会に変わるわけじゃありません。

他方では、与党が、増税はするけど、幼稚園や保育所がタダになる、まずしい人たちの大学授業料もタダになる、と言っています。負担が増えるかわり、暮らしの心配がなくなる社会をつくると言っているのです。

続けましょう。民進党は、負担はそのままで、大学無償化の恩恵をもっと多くの人たちにあたえてくれ、幼保だけでなく、医療や介護の負担も軽くしてくれると言っています。増税反対派、与党、民進党、みなさんならどこを選んだでしょうか。

２０１７年の衆院選、２０１９年の参院選、旧民進党系もふくめた野党は、増税反対、増税凍結で一致しました。政策の中身ではなく、相手の政策の反対のことを主張するという、左派的なまとまりかたでした。

学者生命を懸けて応援した人たちが僕と正反対の場所に立ち、僕が全力で闘ったはずの与党が僕と同じ場所にいる。選挙の結果は……与党の圧勝でした。

僕は、全身の力、いや魂すらをも吸いとられたような、言葉にできない無力感におそわれました。本当につらくて、耐えがたい日々でした。

政治との訣別、そして未練

2017年の衆院選以降、僕は政治の表舞台から姿を消しました。もう、それまでのような熱量で特定の政党を応援することはむつかしいと思ったからです。

みなさんは、『なぜ君は総理大臣になれないのか』という映画を知ってますか？　そのなかには、いまの立憲民主党の小川淳也さんを応援している僕の映像が収められてるんです。あのような熱気でふたたび特定の政党を応援することは、僕にはもうムリだと感じたんですよね。

それともうひとつ、僕が全力で支えた民進党でしたが、結果的にバラバラになってしまいました。その責任についてどうしても考えざるを得ませんでした。

僕は、希望の党への合流にはまったくかかわっていません。ですが、応援した前原さんと仲間の決断が、最終的には党の分裂という状況を生んでしまいました。

僕は、自分自身を「戦犯」のひとりだと考えました。同時に、学者生命を懸けた闘いに敗れたわけですよね。戦犯であり、敗北者である僕が、立憲民主党であれ、国民民主党であれ、どちらか一方を応援することはあまりにも身勝手です。

橋下徹さんとのある対談のなかで、橋下さんは、「そこまで学者である井手さんが思いつめる必要はないよ」と言ってくださいました。この言葉にはとても感謝しています。心が温かくなったというか、肩の荷がおりたような気がしました。

ですが、これは僕自身の生きかた、いや、あえて言えば、死にかたの問題であって、橋下さんの優しい言葉をそのまま受けいれることはできませんでした。結局、僕には、特定の政党を応援する道は選べなかったのです。

なんか、こういうふうに言うと、自分をかっこよく見せようとしているみたいですよね。でも、ちがうんです。政治と距離をとると決めたままではよかったのですが、僕は「自由への闘い」を完全にあきらめることはできませんでした。

これは僕の弱さであり、たぶん、本質でもあるような気がします。

なぜ自由な社会にこだわるのか

なぜ本質なのか。この問いに答えるためには、少しだけ、昔話をしなければなりません。

すでにお話ししたように、僕はまずしい家庭の生まれです。40歳で僕を産んだ母、その妹である叔母との3人暮らし。古くて、小さな借家で育ちました。

家計を支えてくれたのは叔母でした。母はずっと僕の世話をしてくれていたんですが、教育費が心配になったんでしょうね、僕が小学4年生になると、スナックをはじめました。

そもそも、素人の夜の仕事がそうそううまくいくはずがありませんよね。おまけに、子どもを家に置いておくことをいやがった母は、毎晩のように僕を店に連れていきました。カウンターで勉強する毎日でしたが、よくよく考えれば、そんなお店に飲みにいくもの好きなお客さんがそう多いはずがありません。

僕が高校に進学したころから店は傾きはじめ、大学生のころにはみごとに借金まみれになっていました。

素人の水商売なんてムチャな話です。でも、母や叔母は、借金まみれになっても僕を大学にいかせようとしてくれました。ふたりには感謝の言葉しかありません。

ところが、当の本人は、決してまじめな学生ではありませんでした。大学3年生の3月になるとなんとなく就職活動が動きだします。当時の僕は、勤め人になるのがいやでしかたありませんでした。会社のために頭をさげるというのが、どうしても納得できなかったのです。

なんか感じの悪い話ですよね。でも、家族のため、仲間のためなら土下座だってしますが、会社のため、自分の地位のためにだれかに頭をさげる生きかたでいいんだよって、どうしても自分に説明できなかったのです。

とは言え、不まじめな僕に、公務員や公認会計士への道はありません。大学院に進学し、学校の教員になるくらいしか、選択肢はありませんでした。

問題はここからです。家が借金まみれなのはわかっていました。家賃の滞納、仕送りの遅れ、あきらかに当時の状況はおかしいものでした。だから、悩みに悩みました。正直、ダメ出しをくらうとは思いましたが、ラチがあかないので、思いきって母に電話で打ちあけることにしました。4月の終わりごろのことです。

母は僕の告白を聞き、10秒くらい沈黙しました。そして一言、こう言いました。

「あんたの人生やけん、あんたのよかごつせんね」

きっと、いい会社に入って、すぐにでも仕送りをしてほしい、それが母の本音だったと思います。それでも歯を食いしばって「あなたの自由にしなさい」と言ってくれたんです。電話をきった僕は、思わず泣いてしまいました。

いま思いだしても、母は本当につらかったと思うんです。でも、これを転機に、僕の生きかたは大きく変わることになりました。「自由に生きる」ということが、何物にもかえられない価値をもつようになったのです。

僕にとって自由に生きるということは、母の渾身の教えであり、絶対に守らなければならない砦であり、自分が自分でいられるための条件だと思っています。

正直に言えば、政治のどまんなかで発言し、たくさんの取材を受けてきた、そんな華やかな世界への執着がなかったとは言えません。

でも、それだけじゃありませんでした。僕は自由に生きたいし、同じように、すべての人が自由に生きられるべきだ、そんな強い思いがずっと心にくすぶっていました。政治に自分をあわせることはできない、だけど……僕は、政治に敗れたあとも、「自由への闘い」への未練を断てずにいました。

中流だと信じたい人たち

悶々とする毎日を過ごすうちに、平成が終わってしまいました。当時、いろんなメディアから「平成ってどんな時代だったのでしょうか」という質問をされたことを覚えています。

僕はこう答えました。

「平成の貧乏物語という言葉がしっくりきますね。どうですか？」

平成は本当に大変な時代だったと思います。

みなさん知ってます？　じつは、勤労者世帯の収入のピークは１９９７年なんです。１９９０年代の後半から働きにでる女性が増えました。いまでは専業主婦世帯の２倍以上が共稼ぎ世帯です。それなのに、収入のピークがいまから20年以上前。おどろくような停滞ぶりじゃないですか？

一人あたりＧＤＰ（国内総生産）を見てみます。一番よいときの日本は、ＯＥＣＤ加盟国のなかで６位でしたが、平成の終わりには21位にまで順位を落としています。それだけじゃありません。バブル崩壊後の平均実質ＧＤＰ成長率は１％に届かず、設備投資はいまだに平成元年の水準におよばないというありさまです。

経済が弱れば雇用も細ります。僕の属する45〜54歳の層を見てみましょう。平成元年には正規雇用者の25％しか非正規雇用者はいませんでしたが、平成最後の年には47％へとほぼ倍増しました。

若い人たちの置かれた状況はさらに深刻です。正規雇用に対する非正規雇用の割合は、平成の間に25％から１０３％へと跳ねあがりました。これは、正規雇用よりも非正規雇用のほうがふつうの状態だ、ということですよね。

いまの15〜24歳の若年層は、雇用が保障されないうえに、45〜54歳という、子どもの教育に一番お金がかかる年齢になっても安定した職につきにくいわけです。そ

図1—1　年齢階層別の持ち家率

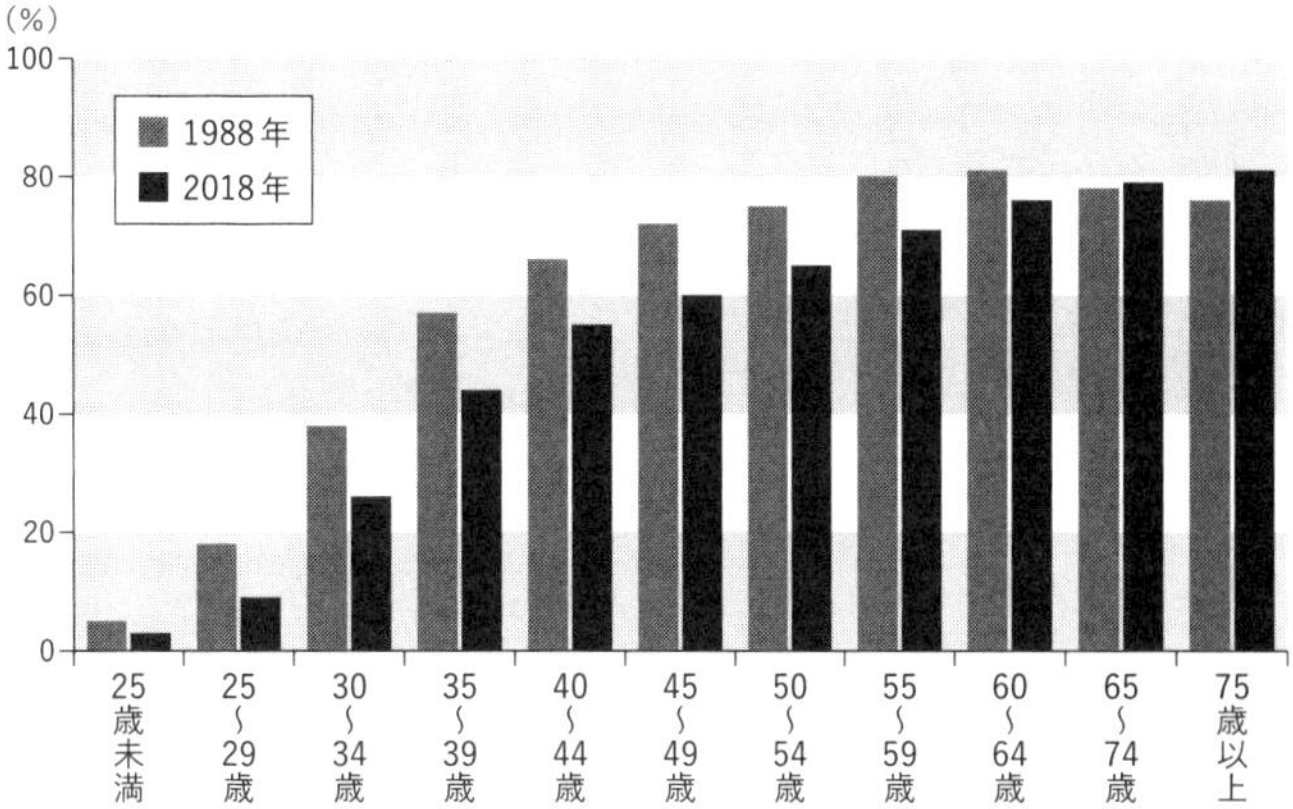

出所：総務省「住宅・土地統計調査」より作成。

んな状況のなかで彼らが子どもを欲しがるはずがありません。

あきらかに僕たちはまずしくなりました。ところが、です。内閣府の調査によると、回答者の93%がいまだに自分は中流だと信じているんですよね。

これはおどろくべきことじゃないですか？

世帯収入300万円未満の人たちを見てみます。300万円というのは、税引前の所得ですから、手取りでは240万円程度、カップルで働いていたとしたら、ひとり120万円程度の手取りということになりますよね。

いまこの層の人たちが全体の3割を

図1—2　目的別消費支出額の増加率

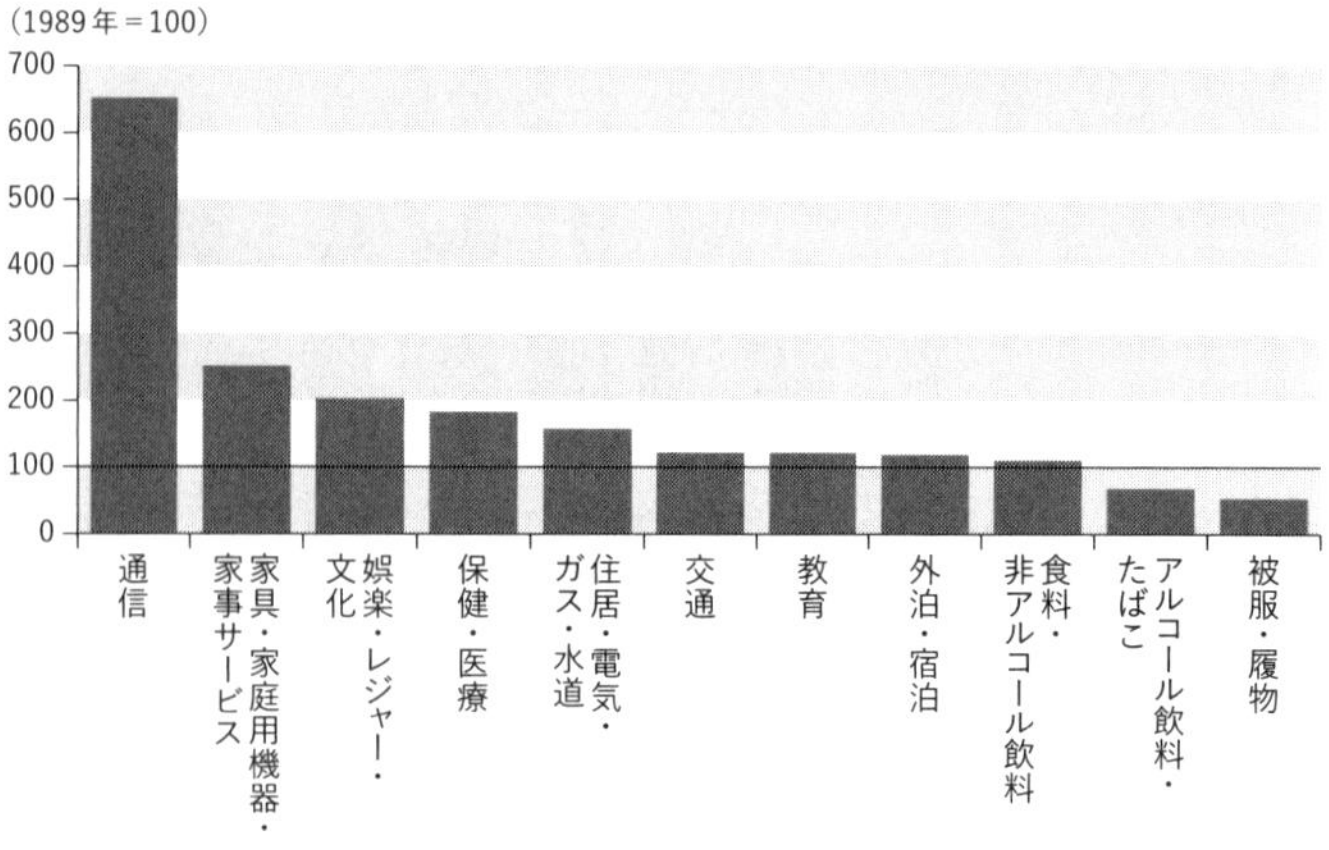

出所：https://www5.cao.go.jp/j-j/wp/wp-je19/h07_cz0101.html

占めています。それなのに、暮らしぶりが「下」だと答える人はたったの4%しかいないのです。

　この収入で自分が「中間層だ」と確信できる理由はどこにあるんでしょう。

　図1—1（55ページ）を見てください。経済の停滞とあゆみをそろえるように、持ち家保有率が平成のあいだに目に見えて低下していますよね。

　続けて図1—2も見てみましょう。飲食や衣類にかける支出は抑えられ、教育費もまた、子どもの数を減らすことで抑制されていることがわかります。一方で、パソコンやスマホへの支出と通信費は突出して伸びてました。

人を助けるのはいいことなのか？

そうです。結婚をあきらめ、子どもをあきらめ、持ち家をあきらめ、飲むもの食べ物をあきらめて、なんとか他の人と同じようにスマホをもてる、だから自分は中流だと信じたい……そんな人たちが大勢いる社会になったということなんです。

もし、母がいま僕を産んだとしたら、僕は、いい大学にいけなかったでしょう。いやそれ以前に、産んですらもらえなかったかもしれません。

いまの日本経済にあって、まずしいふたりの女性にお金を貸す銀行はないでしょう。親が借金をすればなんとか子どもを大学にいかせることができる、それは、古きよき時代の、幸せな物語だったのかもしれません。

同じ人間なのに生まれる時代によって将来が変わる。

「経済が衰退したんだからしかたないじゃん」

「不幸な時代に生まれる人間なんていつだっているもんでしょ、運が悪いんだよ」

そう思う人がいるかもしれません。

でも僕には、そんな、現状肯定という名のあきらめはできそうもありません。

僕は、一人ひとりの人間が、今日よりもすばらしい明日、ちょっとでいいからよりよい未来を夢見る自由をもっていると思っています。僕がそうだったように、「あんたのよかごつせんね」と子どもに言ってあげられる社会を守りたいと思います。

そうなんです。自由に生きられる社会を守りたいから、何かを変えなければいけないんですよね。「守るために変える」という、一見すると、矛盾したこの視点こそが、僕の議論の出発点なんです。

じゃあ、守るものはよいとして、何を変えるべきなのでしょう。

ここで、もう一度、僕の原体験を聞いてください。

小学3年生のときです。僕は、「生活保護」というしくみがあることをはじめて知りました。そのころ、母はずっと家にいましたが、叔母が家にお金を入れてくれていることを僕は知りませんでした。だから「これだ！」と思ったんですよね。

「うちは生活保護もらっとるけん、お金があるっちゃろ？」

得意げに聞く僕をにらみつけながら、母は血相を変えてどなりました。

「そげんか恥ずかしか金、うちは一銭ももろうとらん！」

あまりの剣幕に僕はこわくて泣きました。

いまになって思えば、これは暴言です。生活保護は生きていくための権利です。理由があって働けないのなら、堂々とその権利を使えばよいのです。

ですが、母がそう言いはなったことの意味、なぜ母はあんなに怒ったのかという問いは、ずっと僕の心のなかに残り続けました。

しばらくして僕はひとつのデータに出会います。長く抱えこんでいた問いへの答えが見つかったように感じました。その答えはこうです。

「救済はいいことだけど、救われる人間の心には、屈辱が刻みこまれる」

1997年が所得のピークだったと言いましたよね。所得の減少がはじまったのは98年なのですが、じつは、その年に自殺者の数が急増しているのです。たった1年で8000人以上、比率で言えば35％の増大ということになります。

高い自殺者数はその後も10年以上にわたって続きましたが、自殺者の大部分は40代から60代の男性でした。おそらくは、家庭をもち、ローンを抱えていた男性労働者でしょう。

実際、１９９８年は、失業者が約50万人も増えました。人様のご厄介になるくらいなら死んだほうがましだ……ときには、冗談めかして語られるフレーズですが、本当に男性労働者は救済される道ではなく、死を選んだわけです。

僕たちは、知恵の使いかたを根本からまちがえていたのかもしれない、と思いました。どうやって「弱者を助けるか」、ではなく、どうすれば「弱者を生まない」社会をつくれるのか、これが本当の問いだったのではないのか、と。

だれかではなく、みんなが幸せになる政策

学者をやってていつも感じるのですが、このように、事実の発見は、個人の原体験、価値観と深く結びついています。エビデンス（証拠）が大事なことはもちろんなんですが、どんなデータに気づき、どれに価値を見いだして選ぶのか、そのプロセスでかなり「価値判断」がくわわっているように思います。

じつはもうひとつ、「弱者を生まない」という視点があったからこそ気づけたデータがあるんです。このデータは僕の議論の方向性を決定づけるものでした。「世界価値観調査（World Values Survey）」の2010年調査を見ると、「国民みなが安心して暮らせるよう国は責任をもつべき」という質問に賛成した日本人の割合が8割ちかくに達していたのです。

困っているのは「だれか」ではなく「みんな」なんだ——そんなあたらしい気づきがそこにありました。子どものころから「母はなぜ怒ったんだろう」という問いをもち続けたからこそ、出会えた数字でした。

でも、ときに答えは、あたらしい問いへの入り口になります。「みんなが幸せになるための政策」とはいったいどんな政策なのでしょう。

戦後しばらくであれば、この問いへの答えは明快でした。経済政策です。経済が成長すればみんなの所得が増えますよね。だから、働けない人たちだけ助けてあげれば、みんなが幸せになれます。とりわけ戦争で社会インフラがズタズタになっていましたから、公共事業は「みんなの幸せ」に直接むすびついてました。経済が成長できた時代ならこれでいいでしょう。あるいは、政府が借金を好きなだけやって、経済を支えられた時代もそうです。

ですが、財政は借金まみれ、経済もすっかり成長する力を失ってしまいました。おまけに、社会インフラはもう十分に整ってますよね。だから経済成長にかわる、あたらしい「みんなが幸せになるための政策」がいま、必要なのです。

じつは先進国全体の経済成長率も2%程度しかありません。人口が減り、生産設備が国外に出ていき、安い商品が海外から流れこんだ先進国は、どの国でもかつてのような成長ができなくなってしまっているのです。

僕たちはこの変化にうまくついていけているでしょうか？

僕はふたつの意味でＮＯだと思います。

まず、多くの人たちが、いまだに経済成長を「目的」だと考えています。

これはおかしな話です。不安を抱えずに生きていくためには、貯蓄が欠かせません。その貯蓄を生んでくれるのが成長ですが、そうだとしたら、経済成長は不安のない未来を手にするための「手段」でしかないはずです。

もう一点、「みんなが幸せ」という言葉の意味もアップデートできていません。

ほとんどの人たちが自己責任で生きていける社会なら、「一部の困っている人」を助ければ「みんなが幸せ」になれます。そうではなくて、お金持ちもふくめた一人ひとりという意味で「みんなが幸せ」になる、これが肝なのですが、この理解がどこまで浸透しているか、僕は疑問に感じています。

お金なんかで人間のあつかいを変えてたまるか！

だからです。病気をしても、失業しても、長生きによって必要なお金がかさんだとしても、だれもが安心して生きていける社会をつくらなければならないのです。

この方向性は、民進党の政策をお手伝いさせていただいていたときから、漠然とではありますが、見えていたんです。

でも、いよいよこれを理論化する段階にきた、僕はそう思いました。

「自由への闘い」をあきらめきれなかった僕は、『幸福の増税論　財政はだれのために』という本を書き、具体案を提示しました。この本の反響は大きかったです。

そして自然と、主戦場は、政治からメディアに変わりました。

この本で示したアイデア、それは、税を財源として、すべての人びとに、教育、医療、介護、子育て、障がい者福祉といった「ベーシックサービス」を提供する、というものでした。

ベーシックサービスがすべての人びとに保障されれば、病気をしても、失業をしても、長生きしても、子どもをたくさんもうけても、貧乏な家に生まれても、障がいを抱えても、すべての人たちが人間らしい暮らしを手にできます。

このアイデアの細かい点については、次の章でお話ししましょう。

ここで確認しておきたいのは、暮らしを保障しあう社会ができれば、人間の「尊厳」もまた公平にできる、ということです。

これはゆずれない一線です。所得と無関係にすべての人たちの暮らしが保障されれば、「救済してもらう領域」は、その分、小さくなっていきます。医療や介護、教育の自己負担を軽くしましょう。そうすれば、それに応じて、生活保護のなかの医療扶助、介護扶助、教育扶助はいらなくなりますよね。

お金による救済は、人間の心に屈辱を刻みこむ、そう言いました。だから、お金をサービスに置きかえていくことで、だれかを救済する社会ではなく、みんなが権利として、堂々とサービスを使える社会に変えていくべきだと考えたのです。

あえて言いますね。僕は、お金なんかで人間のあつかいを変える社会を終わらせたいんです。自分の愛する人たちがたまたま不幸に直面したとき、恥ずかしさや申し訳なさを抱えて生きていかなければいけない、そんな社会を変えたいんです。

社会にはいろんな人がいます。たとえば、子どものいるカップルといない独身の人がいますよね。前者なら、子育て費用や大学の授業料などの教育費を払わねばなりませんが、後者の人たちはこれらのお金を必要としません。

でも、子どもに頼ることのできない人たちは、歳をとって病気をしたり介護が必要となったとき、より強く、だれかに支えられて生きていくことでしょう。

子どもの有無だけじゃありません。病気をしたり、ケガをしたりして、働けなくなる可能性はだれにだってあります。困りごとは、運・不運ひとつでだれにだって起こりえます。だからこそ、この社会を生きる仲間たちが、たがいに頼りあえる、満たしあえる社会をめざしていくべきだと思うのです。

これが母の「あやまれる怒り」が僕に残した問いへの、僕なりの答えでした。

右も左もベーシックサービス？

政治に敗れた僕は、政党をつうじて現実を変える道をあきらめました。いろんな誘惑がありました。みなさんが知っている有名な与党の政治家から「井手さんはかわいそうだ、一緒に食事をしないか」と誘われたこともあります。

忠臣二君に任えず、と言うとさすがにかっこよすぎでしょうか。とてもありがたかったですが、僕はそのお申し出を受けられませんでした。

でも、不思議なものです。政治での闘いをあきらめるという消極的な選択が、かえって周囲からの関心を高めることになったのです。

僕は本で、新聞や雑誌で、いろんな場所で自分の主張を繰りかえしました。売れない演歌歌手のようなもので、同じことを、同じ調子で言い続けました。

でもそれは、想定外の結果を生みました。おそらくは、特定の政党、特定の政治家と結びついていないことが幸いしたのだと思います。ベーシックサービスの思想があちこちに広がっていったのです。

２０１９年１月４日に当時の安倍晋三首相は、「幼児教育を無償化いたします。戦後、小学校・中学校９年間の普通教育が無償化されて以来、70年ぶりの大改革です」とおっしゃいました。ベーシックサービスという表現こそありませんが、振りかえって見ますと、これはまさに、その思想を実現する第一歩でした。

その後、連立与党である公明党の石井啓一幹事長は、より踏みこんだ発言をなさいました。２０２０年９月27日の党大会のなかで、「具体策の一つとして注目されているのが、全世代型社会保障の考え方をさらに推し進めた『ベーシックサービス』論です。これは、医療や介護、育児、教育、障がい者福祉、住まいなど人間が生きていく上で不可欠な基本的サービスを無償化し、『弱者を助ける制度』から『弱者を生まない社会』へと福祉の裾野を大きく広げるものです」と発言されたのです。

言葉だけではなく、理念においても、ベーシックサービスの核心がみごとに理解されていると思います。正直、おどろきです。

こうした流れは野党も巻きこんでいます。国民民主党の玉木雄一郎代表は、同年

9月15日のブログで、「医療や教育といった基礎的な行政サービス、すなわち『ベーシックサービス』の無償または安価な提供により、尊厳ある生活保障を実現する、そのことによって、1人ひとりが自らに誇りをもち、互いに敬意を払いあう、そんな社会を目指します」と記されました。

さらに立憲民主党枝野幸男代表もまた、10月28日に、「第一に急ぐのは、命と暮らしを守る上で欠かせない基礎的なサービス＝ベーシックサービスを、すべての皆さんに保障することです」と発言なさっています。

まさに右も左もベーシックサービスという感じです。

僕は政治の世界に自分を投げだしました。いま思えば、我ながら無謀なことをしたものです。ネットで、手紙で、たくさん怒られましたし、仲間だと思っていた人たちが平然と反対のことを言いだす、忘れがたい光景を何度も見てきました。

でも、あたらしい社会のよって立つ思想をつくりたいという、この無謀な挑戦には大きな意味があったと思っています。少なくとも、すべての人たちの体や心の健やかな育ち、自立を、政治が当たり前のように論じあう時代がやってきたわけです。すごいことだと思います。

僕は政治に挑み、敗れました。でも、まかれた種は大きく育とうとしています。そうなんです。僕たちが社会を語りあい、思いを表現すれば、必ず何かが変わるのです。僕はそのことを身をもって知りました。あの無謀な挑戦がなければ、きっと何も変わらなかった、そう思えてならないのです。

みなさんに「政治に突っこめ！」とは言えません。かわりに、これから僕は、政治や政策を選ぶみなさんにたいして、僕なりの評価軸を、できるだけ丁寧に伝えていこうと思います。批判や反論もふくめて、未来を自由に語りあう状況が生まれてほしい、そうすれば何かがきっと変わる、そう信じています。

ベーシックサービスという思想は、いったいどんなもので、どんな社会をめざしているのでしょう。次章以下では、僕ならこんなふうに社会を変えるという提案をみなさんにぶつけてみますね。賛成してもらえなくてもいいんです。でもそれは、大切な「はじまりの一歩」だと確信しています。

第2章

私の幸せとあなたの幸せをひとつに

子ども手当って覚えてます？

この章では、ベーシックサービスのここを疑問に思うだろうな、とあれこれ想像しながら、一つひとつ答えを示していこうと思います。

まずは、取っかかりとして、所得制限をつけずにみんなに配ることをどう評価すべきか、考えてみることにしましょう。

常識で考えると、自己責任で生きていくのが正しい姿であって、どうしても働けない人たちに限定して救いの手を差しのべるのがふつうですよね。

それどころか、全員に配ると言ってしまうと、即座に「バラマキだ！」という批判の声が聞こえてきそうです。

民主党政権期の「子ども手当」をみなさんは覚えてますか？

所得制限なしで、子どものいる全世帯にお金を配る政策でしたが、「子育てに金はいらない」という批判の声があがり、結局、所得制限をつけた、旧来型の児童手当に戻すことが民主・自民・公明の三党で合意され、いまにいたっています。

この合意にかんして、自民党のホームページにおもしろい文章が残っています。

「『子ども手当』の撤回は、家庭を基礎とする我が国の自助自立の精神に真っ向から反した『子どもは社会で育てる』との民主党政策の誤りを国民に広く示すこととなり、大きな成果であったと考えます」

「子どもは社会で育てる」ものではなく、「家庭を基礎とする」「自助自立の精神」こそが大事だと訴えられていますね。その自民党が2019年に幼稚園や保育所を所得制限なしで無償化したわけです。僕がおどろいた理由もおわかりでしょう。

この子ども手当の廃止からは、とても重要な教訓を引きだせるんです。

じつは、みんなに配るというとき、それは「お金」で配るのか、「サービス」で配るのかで大きなちがいが生まれるのです。

満たしあいの世界をつくる

お金とサービスには決定的なちがいがあります。

それは、お金は、すべての人たちが欲しがってしまう、ということです。

みんなが欲しいのに、子どものいる世帯だけに配る。そうすれば、子育ての終わった中高年、年金が足りずに四苦八苦している高齢者、子どものいないカップル、いろんな層が反発するのは必至ですよね。

そうなんです。子ども手当に対するバラマキ批判は、それがバラマキかどうかということ以上に、お金の性格上、「もらえる人＝受益者」と「もらえない人＝負担者」のあいだに分断が生まれることにこそ、本質的な問題があったのです。

この対立をなくすためには、「みんなを受益者」にするしかありません。

やりかたはふたつです。ひとつは全員にお金を配ること。もうひとつは、サービスを全員に配ることです。

前者は、いわゆるベーシックインカムですね。この場合、まさしく全員にお金を出すことになりますから、相当な費用がかかってしまいます。この点は次の章でくわしく検討します。

一方、後者のベーシックサービスであれば、必要な人しかサービスは使いませんから、コストを大幅に減らすことができます。幼稚園がタダになっても、大学がタダになっても、高齢者や大学を卒業した人はこれらのサービスを使いませんよね。だっていりませんから。

この強みをいかして、高齢者には介護、子育て世代には大学といったように、それぞれが必要とするサービスを全体にバランスよく配っていけば、低コストで全体を受益者にしていくことができます。

もうひとつ確認しましょう。それは、お金は疑心暗鬼を生むという問題です。たとえば、障がい者に車イスのサービスを提供するとします。障がいのない人はそのようなサービスはいりませんから、見むきもしないでしょう。

ところがお金をあげるといったとたんに、不正を働く利用者があらわれるかもしれません。行政もふくめた社会の全体が「不正な利用者がいるのでは？」と心配になるでしょう。これがお金を配ることのむつかしさです。

サービスとお金のちがいは、歴史からも学ぶことができます。

江戸時代の農村を見てください。人びとは田植えや稲刈り、屋根の張りかえ、警察、消防、寺子屋のような初等教育、さらには介護までも、地域に住む人たちがおたがいの「必要（ニーズ）」を満たしあって生きていました。

お気づきですか？　これらはすべてサービスです。お金ではありません。

メンバー全員にお金を配ってしまうと、そのための財源が必要になります。みんなが同じお金を出して、みんなに配るのでは意味がありません。ですから、歴史的には、みんなで蓄えをつくっておいて、必要に応じて、必要な人がそれを使うという方法をとりました。みんなにお金を配るという経験はほぼ例がないのです。

サービスの場合、メンバー全員が汗をかき、メンバー全員が必要に応じて受益者になります。必要なときに、必要な人がサービスを利用する、そのための「協働」は、歴史のいたるところで発見することができます。

みんなで汗をかき、みんなの必要をサービスで満たしあう世界――この領域があるからこそ、人びとは共にあり、暮らしていく道を選んだのです。

お金持ちが受益者になれば格差は拡大？

僕の提案が一風変わったものに見えるのは、お金持ちにたいしてもサービスを給付しようとするからでしょう。

江戸時代の話からもわかるように、共にある人びとは、お金の多い、少ないでサービスの受益者を選んだりしませんでした。みんなが受益者でした。ですから、自然といえば、自然なことなんです。

でも、理屈で考えると、まずしい人たちだけでなく、お金持ちにもサービスを出してしまうわけですから、両者の収入の差はうまらないじゃないか！　そんな疑問が浮かんでくるかもしれません。

こうした心配は、まったく不要です。

図2―1を見てください。まずしいAさん、ふつうのBさん、お金持ちのCさん、それぞれに定率で税をかけ、等しくサービスを提供するとします。すると最終的に、AさんとCさんの格差が小さくなっていることがわかるでしょう。

細かい説明については、僕の書いた『幸福の増税論』の第3章を見てください。ここで確認したいのは、「お金持ちが税を払い、まずしい人が受益者になる」だけじゃなく、「みなが負担者になり、みなが受益者になる」ことでも所得格差は小さくできる、ということです。

え？　どうして？　不思議な感じがしますよね。

ですが、よく考えると、これは当たり前のことなんです。

年収100万円の人が100万円分のサービスを受けとれば100％の価値があります。でも、年収1億円の人が同じサービスを受けとっても、1％の価値しかありませんよね。所得の改善効果は、当然、まずしい人のほうに大きく出るのです。

ではまずしい人にも税をかける、この点はどうでしょうか？

図2―1をもう一度見てください。Aさんは払った税金よりも多くの受益がありますよね。ここがポイントです。

図2―1　ベーシックサービスによる再分配のモデル図

	当初の所得	税率25％	税引き後	みんなにサービスを現物給付	最終的な暮らしの水準
Aさん	200万円	-50万円	150万円	+150万円	300万円
Bさん	600万円	-150万円	450万円	+150万円	600万円
Cさん	1,000万円	-250万円	750万円	+150万円	900万円

Bさん/Aさん	3倍	格差が縮小	2倍
Cさん/Aさん	5倍		3倍

税率は同じでも、そもそも所得や消費の額がちがえば、税の負担額は変わってきます。お金持ちは収入が多いうえ、ベンツや土地を買います。まずしい人は少なく、お金持ちはたくさん税を払うけど、受益は同じ。格差が小さくなるのも当然です。

僕たちは、税の負担だけで、まずしい人たちの痛みを考えがちです。でも、もらうほうもセットで考えないと、本当の痛みはわからないはずです。

まずしい僕と超リッチな人がどちらも千円払うとします。あんなお金持ちと僕が同じ負担？　そう思いますよね。でも、もし僕がその二千円を全部もらえるとしたらどうでしょう。僕が得をしているのは、子どもにだってわかる話です。税の痛みともらえるよろこび。この両者を考えなければ、社会全体の「公正さ」は語れっこないのです。

発想の大転換……ではない！

じつを言うと、以上の考えかたは、国際的にはオーソドックスなものなんです。

僕の知人でアメリカのノースウェスタン大学で教えているモニカ・プラサドさんは、ニューヨーク・タイムズで次のように言いました。

「貧困と不平等の削減にもっとも成功した国ぐには、富裕層に課税し、貧困層にあたえることでそれをやりとげたのではない」

まさにそのとおりです。

ＥＵに入っているヨーロッパの国ぐにを見てください。日本の消費税にあたる付加価値税の最低税率は15％です。ですが、イギリスと旧東欧諸国をのぞくと、日本よりも税率の高いこれらの国ぐにのほうが、所得格差は小さいのです。

なぜそうなるのでしょうか。日本では、消費税はまずしい人の痛みが大きな税だと言われるだけに、意外に聞こえるかもしれません。

じつは、お金持ちは、ほんのひとにぎりしかいません。ですから、どんなに過酷な税をかけても、入ってくる税収はたかがしれているのです。

だからこそ、まずしい人もふくめてみんなが払う付加価値税を使い、ゆたかな税収をいかして、幅広い層の暮らしを支えつつ、同時にまずしい人たちの暮らしもしっかりと守っていく、そういう実践的な道を彼らは選んだのです。

フランス主税局の官僚だったフィリップ・ルビロアさんは、１９７２年、いまから40年近く前の来日講演で次のように話しています。

「逆進的な税しか採用していない国でもその収入で社会保障を積極的に行なっているのであれば、その国全体としては逆進的ではない」

このヨーロッパの常識がなかなか日本にはつうじないのがしんどいところです。もちろん、お金持ちにより多くの負担を求めることには、僕も大賛成です。ただし、ひとつだけ、重要な事実を確認しておきたいと思います。

『金持ち課税』という本を書いたケネス・シーヴとデイヴィッド・スタサヴェージは、こう指摘しています。

戦後しばらくのあいだ、お金持ちへの重税とまずしい人たちへの保障の組みあわせに説得力があったのは、戦争中に犠牲を払った者は補償されるべきであり、戦争から利益を得たものは課税されるべきだという考えかたがあったからだ、と。

このコンセンサスは、時間の流れとともに先進国のなかで風化していきました。序章でお話ししましたように、日本でもまずしさの記憶が人びとから消えつつあります。だからこそ、1980年代以降、先進国では富裕層や大企業への重税が少しずつ緩和され、日本もその例外ではいられなかったのです。

僕にとって大事なのは、つらい思いをしている人たちのいま、です。金持ち憎しだけでは税は取れませんし、税を使えなければ、つらい人たちの痛みは増します。

税制改革の基本的な方向性は、消費税を軸として豊富な税収を確保する一方、低所得層もふくめて負担者になるわけですから、きちんと応分の負担をするよう、お金持ちや大企業を説得する、そんな「痛みの分かちあい」だと思うのです。

疑いのまなざしが支配する社会

第1章では、僕の子どものときの体験と重ねあわせながら、「人を助けることはよいことなのか」という、かなり思いきった問いを投げかけました。

生活保護を例にしながら、この問いをさらに深めてみたいと思います。

保護を申請するためには、まず役所の窓口にいかねばなりません。そこではいろいろ質問されます。持ち家、貯金はないか、お金の支援を親族から受けていないか、さまざまな「疑いのまなざし」が申請者には投げかけられます。

哲学者ジョナサン・ウルフは、これを「恥ずべき暴露（shameful revelation）」と呼びました。いかに自分がまずしく、弱い存在であるかをすべて告白して、やっと助けてもらえる、その残酷さを、みごとに言いあらわした言葉ではないでしょうか。

でも本当に大変なのはここからです。

お役所での審査を経て、「助けてもらえるまずしい人」と「助けてもらえないまずしい人」の分断線が引かれます。

まずしい人たちは、比較的近いエリアに住むことが多いですよね。お役所の人がちょいちょい出入りしているのを見ると、生活保護を利用していることがわかる場合もたくさんあります。こうして、「助けてもらえないまずしい人」が「助けてもらえるまずしい人」をねたみ、彼らがどんなものを買っているのかを「疑いのまなざし」で監視する状況が生まれます。

匿名で「あの人がお酒を買っていた」「たばこを買っていた」という告げ口が役所に寄せられる、現場ではそんな悲しいできごとが日常茶飯事です。

お役所の人たち自身も「疑いのまなざし」から自由にはなれません。審査をする人には裁量の余地が必ず生まれます。ですので、たとえば、反社会的勢力の人たちの圧力に負け、利用資格のない人たちの申請を許可してしまうかもしれない、そんな「疑いのまなざし」がむけられているのが現実です。

まずしい人たちをお金で救済する方法は、社会のあちこちに「疑いのまなざし」を張りめぐらせ、他者を信頼できない社会をつくってしまう可能性があるのです。

信頼したほうが得をする社会

政治学者のボー・ロススタインらは、ベーシックサービスのように、すべての人びとを受益者にする方法が他者への信頼を高めることを明らかにしました。

第1章で指摘したように、ベーシックサービスは、生活保護のような「助けてもらうまずしい人たち」を最小化していきます。金額的に生活保護の半分近くを占めるのは医療扶助ですから、医療費をタダにすれば、あっという間に生活保護はほぼ半分になるわけです。

これは、だれもが堂々と医療、教育、介護といったサービスを受けられる社会の誕生を意味します。「恥ずべき暴露」など存在しない社会がやってくるのです。「助けてもらえないまずしい人」が「助けてもらえるまずしい人」をねたむ必要もなくなります。なぜなら、すべての人たちが受益者ですからね。もちろん、所得審査がなくなれば、行政の裁量の余地もなくなります。

それだけではありません。生活保護の予算は一気に減ります。おまけに役所で働く人たちの負担もおどろくほど軽減されるでしょう。なぜなら、所得審査には、膨大な人手と時間を必要とするからです。

何よりも大きいのは、社会の多数を占める「中間層」が低所得層と連帯しはじめる可能性が生まれることです。

「弱者を助ける」社会では、不正をおこない、嘘をついてお金を引きだしているんじゃないか、そう疑って不正を暴けば、気分がスッキリするだけでなく、自分の税負担も軽くできます。まずしい人たちは目の敵にされてしまうわけです。

ところが、みんなが受益者の社会では、まずしい人の苦労に思いをはせ、彼らの立場に立って応援するほうが中間層のメリットになります。なぜなら……そう、自分ももらえるからです。

「国際社会調査プログラム（International Social Survey Programme）」や先に見た「世界価値観調査」を調べてみますと、日本では社会への信頼度がとても低いことがわかります。反対に、ベーシックサービスのように、みんなを受益者にする戦略を意図的に採っている北欧諸国では社会への信頼度がきわめて高いことが知られています。

北欧にはいい人が多いんでしょうか？　ちがいます。人を信頼したほうが得をする社会を彼らはつくりだしたのです。サービスの配りかたこそがカギなのです。

アクセスを保障せよ！

序章で見ましたように、所得格差は小さくすべきだ、という主張に、必ずしも同意する人が多くないという、いまの日本の実情があります。

ですが、格差の是正に関心はなくても、収入に格差があることを「よいことだ」と思う人は少ないんじゃないでしょうか。

でも、ここでも疑問がわいてきますよね。

所得格差がいけないのはいいとして、じゃあ、どこまでなら許されるんでしょうか。格差是正を大きな声で訴える人たちがいます。その人たちは、どこまで格差を是正すれば納得するのでしょう。

完全に格差のない社会は、社会主義国でさえつくれなかったわけですから、当然、所得の差はどこの国にもあります。僕は格差を語ることのむつかしさは、「許される格差」を論理的に示せない点にあると考えています。格差は悪だ、というところまでは同意できても、どこまでそれを修正すべきかについては主観に左右されます。

この悩ましい問題にひとつの答えをあたえてくれたのが、マニュエル・カステルの『都市・階級・権力』という本でした。

カステルは、共同で生産し、消費されるサービスの重要性に目をむけました。そして、収入面における不平等が「集合的な諸サービスへの接近可能性と利用にかかわって生じる新しい社会的分裂の中に表されている」ことを見抜いていました。

カステルの視点に立つと、所得格差は、それじたいが問題なのではなくて、みんなが必要とするサービスにアクセスできる人と、できない人の分裂を生むことにある、ということになります。

「許される格差」を論理的に説明するのは簡単ではありません。ですが、人間が生きていくために必要なサービスへのアクセスがすべての人たちに保障されるとすれば、そのうえで生じる格差は、「許される格差」に近づくことになるでしょう。

汗をかいた人がむくわれること、つまり、頑張った人と、そうでない人の間に格差が生まれることもまた、大切な「公正さ」の基準なのです。

品位ある命の保障を

でも気をつけてくださいね。僕はここで「近づく」としか言えませんでした。必要なサービスをすべての人びとに保障しあう社会ができたとしても、大きな問題は必ず残ります。それは、収入の少ない人たち、頑張ろうにも頑張れない人たち、働くことのできない人たちの命をどう保障するか、という問題です。

高齢者やシングルマザー、障がいのある人たちなど、事情があって働けない人がいます。「許される格差」だからと強弁して、その人たちの命をほったらかしにするのは、あきらかにまちがっています。

事故にあったり、心の病におかされたりして、運悪く途中で職を失う人もいます。運のよしあしで生まれる格差を許してよいはずがありません。

生活保護のなかには生活扶助と呼ばれるものがあります。食料や衣類、光熱費など、生きていくためにどうしても必要となるお金です。ベーシックサービスがすべての人たちに保障されたとしても、じつはこの部分は残ります。

生活扶助は、「最後の自由の砦」です。限られた予算のなかで、かりにそれがお酒であっても、たばこであっても、どれを節約して、どれに使うのかを自分自身で決める、そんな自由は、何があっても保障されなければなりません。

失業したときに利用できる失業給付も大切です。ＩＬＯ（国際労働機関）の報告書によると、調査対象の7カ国のなかで日本は中国に続いて失業給付を利用していない失業者の割合が高く、その比率はなんと77％に達していると言います。

経済学者の大沢真理さんは、雇用保険の対象とならない非正規労働者が多いことにくわえ、とりわけ女性の非正規労働者の雇用保険への加入が不十分であることに警鐘を鳴らしていますが、もっともな視点だと僕も思います。

さらに、日本では他の先進国で当たり前に存在している「住宅手当」がありません。正確に言いますと、住居確保給付金というしくみはあります。ですが、原則3カ月、最大で1年しか給付されず、おまけに「誠実かつ熱心に求職活動を行うこと」が要件としてかかげられています。

生活保護のなかには住宅扶助がありますが、これとは別の、所得が少ない人たちのためのより一般的な住宅手当制度が日本には整備されていないのです。

生活扶助の充実、失業給付の適用範囲の拡大、住宅手当の創設といった「命の保障」は絶対不可欠なものです。ただし、「命の保障」を最低限という言葉だけで片づけてはいけません。

ここ最近の日本では、最低限の保障と言いながら、最低のラインをどんどん切りさげてきました。事実、全国のあちこちで裁判が起き、大阪地裁では減額を違憲とみなす、画期的な判決も出ました。ですから、「命の保障」は、「最低限の保障」ではなく、「品位ある命の保障（decent minimum）」でなければならないのです。

すべての人たちの暮らしをベーシックサービスで保障することで、当然、まずしい人たちの暮らしはグッと楽になるはずです。あわせて、中間層の生活不安も取りのぞけるので、彼らの低所得層への寛容さも引きだせます。

「弱者を助ける」から「弱者を生まない」への転換をめざしつつ、運のよしあしで一生が左右される人たちの命を徹底的に保障する、そんな「中低所得層のあたらしい同盟」こそが、僕のめざす世界なのです。

人類の願い ベーシックニーズ

さて、ベーシックサービス論の骨格がわかってもらえたと思うのですが、みなさんの頭のなかにはスッキリしない感じが残っているのではないでしょうか。

僕は、大切な問題をスルーしてきました。それはベーシックの意味、つまり、「みんなが必要なサービスって何？」という問題です。

これはきわめてむつかしい問いです。でも避けてとおれば、僕の議論は薄っぺらいものになります。理屈っぽくなりますが、少し付きあってください。

1976年にILOが開催した会議で示されたアイデアに「ベーシックニーズ（basic needs）」というものがあります。これをさらに発展させた「ベーシックヒューマンニーズ」という考えかたもあるのですが、混乱を避けるため、以下ではベーシックニーズで統一しておきたいと思います。

ベーシックニーズとは、⑴食糧、家や施設、衣服などの個人的に消費される基本物資、⑵共同体で提供されるべき安全な飲料水、衛生環境、公共交通、健康、教育などのサービス、そして暗示的にではありますが、⑶これらに影響をあたえる意思決定への人びとの参加をさします。

どの国に生まれても、みなが人間らしく生きていける権利、僕のベーシックサービスは、この人類の「願い」とも言うべきベーシックニーズから出発しています。ただ、ここで僕があえて「願い」と表現したことからもわかるように、ベーシックニーズにはいくつかの重要な批判が投げかけられています。

まず、富裕層からまずしい人たちへの再分配は、資源の非効率的な配分になるかもしれず、それでは経済の成長力が低下してしまうじゃないか、という批判です。むしろ成長を主導する施策をおこなったほうが、まずしい人たちもふくめた収入の底あげにつながるはずだ、と批判者は言います。

もうひとつは、これらのサービスが提供されることと、それを利用し、生活の質を高めることのあいだには、大きな差があるという問題です。移動の手段があたえられても、もし身体的な不自由があれば、その手段を使って実際に移動することはむつかしいはずです。

第3にあげたいのが、ここで言われる「ベーシック」をどのように定義するのか、という問題です。衣食住にかかわるものは比較的理解が得やすいかもしれませんが、「共同体で提供されるべき」と言われてしまうと、地域によって何が必要なのかについての評価はわかれてしまうかもしれません。

ベーシックニーズへの疑問に答える

ひとつめの批判には僕は否定的です。そもそも、生きること、暮らすことの権利は、経済の効率性を犠牲にしてでも守られるべき性格のものです。

とは言え、これっていかにも学者っぽい言いかたですよね。ふつうの感覚では、再分配が成長を弱める、と言われれば、だれだってひるむはずです。

でも、近年のOECDや世界銀行のレポートがあきらかにするように、むしろ、所得格差があるほうが経済成長は損なわれます。

所得の少ない人たちのなかにも才能をもった人はたくさんいます。その人たちの知識や技能の開発・蓄積がさまたげられれば、社会全体で見たとき、経済成長の土台が掘りくずされてしまうのは自然なことです。

図2―2は、所得格差が1990年から2010年のあいだの経済成長にどの程度マイナスの影響をあたえたかを示しています。格差が3ポイント拡大すると、経済成長率は、25年にわたって0・35%ずつ押しさげられる、と言われています。

一方、第2、第3の問題は、注意深く検討されなくてはいけません。

第2の批判である、みんなが必要とするサービスを提供するだけでは、本当の意味でのアクセス保障にならないという批判は、そのとおりです。

ベーシックサービスの無償化がすすめば、まずしい家庭に生まれても安心して病院にいけますし、途中で失業しても、子どもの学費を心配せずにすみます。

図2—2　格差変動（1985〜2005年）のその後の累積的成長（1990〜2010年）に対する影響

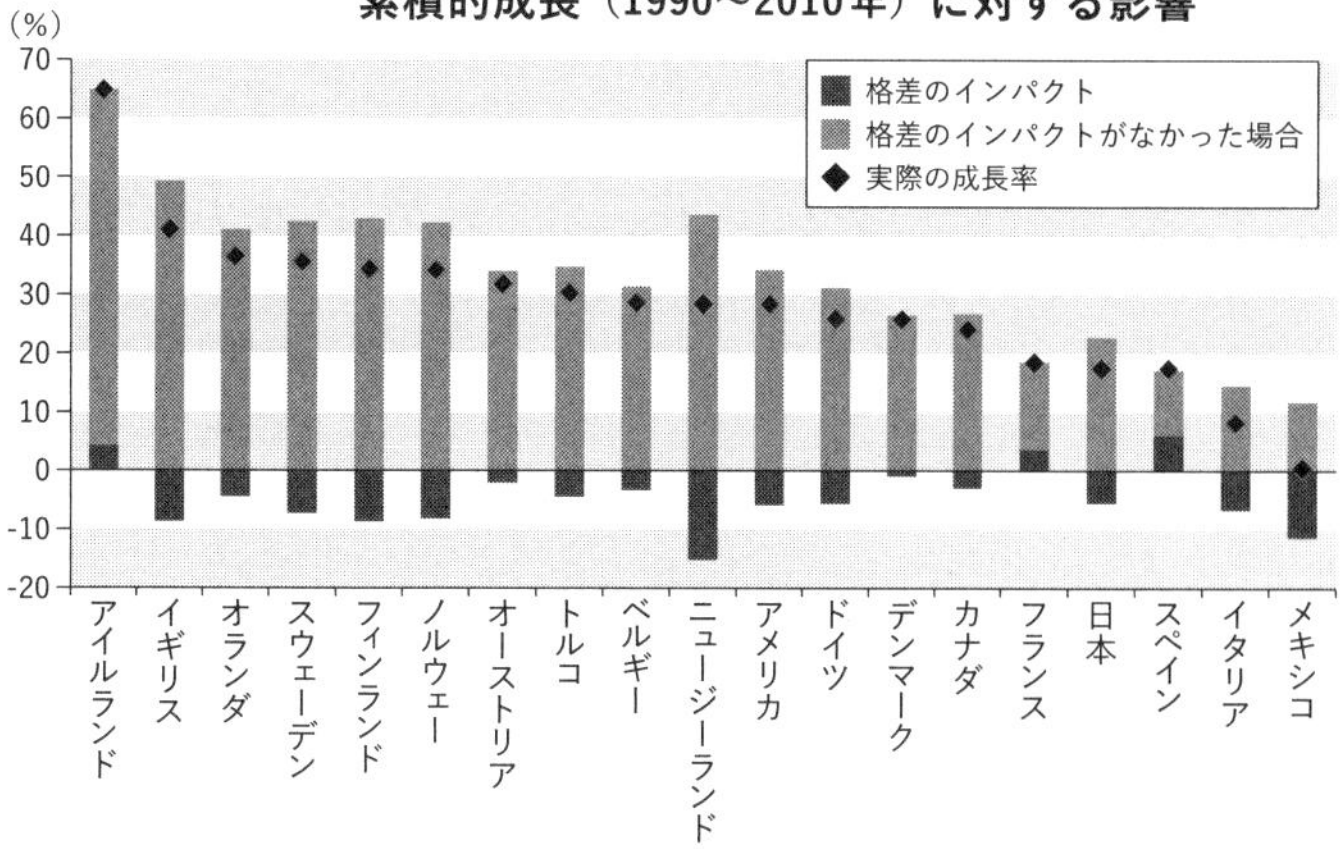

出所：OECD, 2014, Trends in Income Inequality and its Impact on Economic Growthより引用。

でも、人びとの基礎的な生活が維持されたとしても、各人が抱えている「生きづらさ」については、何も改善されません。学校でかかるコストがいくら安くなっても、不登校の子どもは現実に学校にいけていないのです。

ベーシックという冠をつけたのは、まさにこの思想が、人間の命と暮らしの土台をつくることを意図したからです。それは、命と暮らしの保障の「先」に、また別の問題があることを示したかったからでもあります。

この点については、終章であらためて検討することにしましょう。

ベーシックニーズと僕の思想のちがい

「みんなが必要なサービスとは何か」という第3の批判に移りましょう。

残念ながら、みんなが必要とするサービスは、理論的に決められません。その社会を生きる人たちが議論し、選び取っていくものです。だからこそ、ベーシックニーズの定義のなかに「意思決定への人びとの参加」がふくまれているのです。

でも、みんなの必要はみんなで決める、はい、おしまい、じゃ、身もふたもありませんよね。もう少し丁寧にこの問題を考えてみたいと思います。

人間である以上、だれもが必要とするものがあります。ハートレー・ディーンは、これを「共通ニーズ」と呼びました。衣食住にかかわる「財」はまさにそれです。

しかし、この「共通ニーズ」をすべて政府が提供すべきか、個々人で手に入れるべきか、は考えかたに差があります。

　ここでは、社会が提供するものを「社会ニーズ」、個々人で手に入れるものを「個人ニーズ」と区別しておきます。たとえば、パンや衣類、家を全国民に提供したらみなさんはどう感じます？　まるで社会主義国のようですよね。

　そうなんです。先に見たベーシックニーズのなかの(1)食糧、家や施設、衣服などの個人的に消費される基本物資は、たしかに「共通ニーズ」ではあるのですが、これは一般的には「個人ニーズ」だと考えられているのです。

　ここにベーシックニーズ論の限界があります。当時はまだ、右肩あがりの成長志向から抜けだせていませんでした。ですからベーシックニーズの(1)は、アフリカの難民・子どもたちのような、限られた人びとを助けることを意味していたのです。

　この点は、ベーシックニーズとベーシックサービスのちがいを考えるうえでのポイントになります。まずしい人を助ければすべての人が、ではなく、リアルにすべての人たちの幸福を考える、これがベーシックサービスの哲学なのです。

　ちなみに、「サービス」ではなく「財」をすべての人たちに提供するのは、僕たちの社会の原則からはみ出してしまいます。でも、政府は道路や水道のような

「財」をつくってるのでは？　そんな疑問が浮かぶかもしれません。

たしかに政府は、道路や水道をつくります。ですが、その所有者は特定の個人ではなく、政府そのものです。つまりみなさんは、政府のつくった道路や水道といった「財」が生む「サービス」を利用しているのです。

21世紀は人口が減少し、経済が長期に停滞する時代です。だからこそ、限られた財源を有効につかうために、安あがりな「サービス」に限定してすべての人たちを受益者にする路線をめざしたい、これがベーシックサービスの基本戦略です。

何がベーシックで何が必要なサービスなのか？

では、「社会ニーズ」を話しあいで決めるのはよいとして、何を基準に考えるべきなのでしょうか。必要理論の専門家であるイアン・ゴフは、人間のもっとも基本的なニーズを「社会的な生活への参加」「健康」「自律」の3つで説明しました。

ゴフが重視するのは、「危害(harm)」を避けることです。社会的な、人間らしい生活をこわす「危害」は、もしそれがなかったら実現できたさまざまなこと――それは病院にいったり、大学で勉強したりすることですし、健康で、知識があるからこそできることもあるはずです――を実現できなくしてしまいます。

社会的な、人間らしい生活とはなんでしょう。それは、社会のなかで役割をもつ、人と人との関係にくわわる、これらの人間らしい「生」をさします。そのような「生」を保障するためには、「健康」に生きられること、そして考え、みずから選択していくための「精神の自律」が、保障されねばならない、とゴフは言います。

このように考えますと、僕の議論は、以下のように整理できるでしょう。

衣食住にかかわる「財」は全員に給付することはできませんし、やるべきではありません。だから、「品位ある命の保障」の原則にしたがって、働けない人たち、働けても収入が不十分な人たちに限定してそれらに必要な「お金」を給付します。

他方で、医療や介護、障がい者福祉などは、健康の観点から賛成してもらえるでしょうし、保育がなければ親が働けないことから、これもまた親の社会生活への参加という観点から受けいれられやすいように思います。

議論がわかれるのは、教育、とりわけ大学教育ではないでしょうか。

大学教育の無償化にかんしては、大学をタダにしても勉強する気のない子どもたちをいたずらに進学させるだけではないか、大学がタダになっても、結局、お金持ちの子どもだけがいい学校にいくのではないか、そういう批判が出てきます。

ですが、これらの批判は、的を射ていません。

まず大事なのは、大学教育は、人間の「精神の自律」の前提だということです。仮に投票権をあたえられても、人びとは、自分で考え、判断し、選択しなければいけません。それができてはじめて、僕たちは社会の言いなりになるのではなく、自律することができます。大学にいく／いかないは、各人の選択でかまいません。ただ、大学教育それじたいは、万人にひらかれるべき権利だと言えます。

家庭の所得水準が大学のレベルを決めるという批判は、以上の視点を欠いています。大学教育にとって大事なのは、「考える」「判断する」「選択する」ための知識や専門性を提供する場であるかどうかです。

僕らが議論すべきは、偏差値の高低ではなく、行政がそうした質のコントロールをできているか、です。精神的自律をたもつ、という本来の目的が達せられていれば、そのなかの偏差値の差は、重要な差だとは言えないのです。

なぜ偏差値が大事なのか

以上の理屈は、みなさんの心にイマイチ響いていないと思います。

偏差値なんて大した問題じゃない――僕はそう言いきりましたが、こんな言葉では、みなさんの心にはなかなか届かない気がします。

そもそも、なぜ、偏差値の高さがそこまでみなさんの関心をひくのでしょうね。

答えは単純です。それは、いい大学にいき、いい会社に入らなければ、おだやかな暮らしを得られないからです。

多くの子どもたちが東京を中心とした大都市に移り住む理由は、都会へのあこがれもあるでしょうが、偏差値の高い大学が都市に集中しているからですよね。

ベーシックサービスがめざすのは、こうした社会の価値観を変えることです。

いまの日本では、年収300万円で生きるのは大変です。この年収で何人かの子どもを産み、育て、大学にいかせようと考えるのは、かなりハードルが高いです。

でも、大学の学費がいらなくなり、老後も医療や介護の心配のない社会になったとしたらどうでしょう。僕の収入が150万円、パートナーの収入が150万円、それだけあれば、ぜいたくはできなくても、安心して生きていけるでしょう。そして、生まれ育った故郷で生きる自由を手にします。そうすれば、少子化や東京一極集中などの問題も、グッとやわらぐはずです。

僕は、大人は子どもを大富豪にしたいわけじゃないと思うんです。みなさんはどう思いますか？　人並みか、できればちょっといい暮らしを送ってほしい、そんなささやかな願いから、子どもたちを受験戦争に追いやってしまうんだと思いませんか？

もし、そうなら、親たち、子どもたち、双方に選択肢をあたえるべきです。偏差値の高い学校をめざし、大都会に出て、先端的な研究をすることはすばらしいことです。それをさまたげる理由はどこにもありません。

ですが、「精神的な自律」を手にするという本来の目的に立ちかえり、多くの人たちが受験に血眼になるよりも、青春を謳歌し、地域にある大学にいき、生まれ育った街で愛する人と出会い、働き、生きていくという選択肢もあってよいのではないでしょうか。

この選択の自由のための経済的な土台こそが、ベーシックサービスなのです。

ライフセキュリティの社会へ

「ベーシックサービス」と「品位ある命の保障」を車の両輪とした社会を、僕は「ライフセキュリティの社会」と呼びます。命と生活、「ふたつの生（＝life）」を保障しあう社会という意味です。

「ライフセキュリティの社会」は、さらなるゆたかさをもたらしてくれます。

僕たちは、本当にやりたい仕事にチャレンジできるようになるでしょうし、会社の求める長時間労働やサービス残業にたいして抵抗する力を手にするはずです。なぜなら、仮に一時的に失業しても、転職して給与水準がさがっても、みなが安心して生きていける社会になるんですから。

働く人たちの権利が保障されるようになれば、定時に帰り、家族とともに食事をするという当たり前の自由もまた、戻ってくるでしょう。

想像してください。仕事を終えて、家族と買い物に出かける、一緒に夕食をつくり、食べることができる、そんな「ふつうの社会」のことを。24時間やっているお店なんていらなくなりますね。人間を深夜まで就労させることのない社会は、ムダな電力やプラスチックの容器を必要としない社会でもあるのです。

毎晩、家族と過ごす時間をもつことができれば、週末は自分のための時間をもてるようになるでしょう。疲れた体にムチ打って、帳尻をあわせるように、土日に子どもの相手をする社会は終わります。地域の活動や政治的なイベント、そうした実践と対話の場に参加することだってできるようになるはずです。

僕は、そんなにむつかしいことを言っていますか？　家族との食事の時間は、ローマ時代の奴隷にさえ認められた自由です。その当たり前の権利を、当たり前に使いこなせる社会をつくろう、そう言いたいだけです。

そろそろ本気で発想を変えませんか？

ずっと昔、日本人のことをあざけり、エコノミックアニマルと呼んだ人たちがいましたよね。こういう下品な言いかたは論外ですが、ただ、僕たちほど経済に縛られて生きている人間はいない、という指摘は、真理の一片をふくんでいます。

「国際社会調査プログラム」のなかに、「医療制度・教育・治安・環境・移民問題・

経済・テロ対策・貧困」について「今の日本で最も重要な問題は何だと思いますか」という質問があります。

日本では58・1％、全体のほぼ6割が「経済」と答えています。調査した34の国・地域のなかでダントツの1位です。

たしかにお金があれば生きる・暮らすために必要なサービスを市場から買うことができます。ですが、経済はすっかり弱ってしまい、生きること、暮らすことの不安は、以前と比較にならないほど強まりました。

もう、いい加減に、「経済依存の社会」から脱出しなければなりません。

ではそのときの対抗軸はなんでしょう。それは「共にある」という視点です。

「共にある」と言われると、なんとなく人間を縛りつけるような、自分らしさを押し殺して、まわりにあわせなければいけないような印象を受けます。でも、そうではありません。むしろ人間の「自由の条件」を整えたいからこそ、この「共にある」という言葉の意味について考えなければいけないのです。

多様性を大事にするために

人間や動物は、まわりの環境との「かかわり」のなかで生きています。

環境にはさまざまな「特性」があります。たとえばきれいな池があったとします。

そこには「おぼれる」という可能性が秘められています。子どもにとっては恐ろしいことですが、大人にとっては、むしろ「快適な泳ぎ場」かもしれません。

環境のなかには、こうした無数の「特性」があり、それらはそれぞれの人間の「特性」と組みあわさって、さまざまな「意味」をもちます。だから僕たちは、好ましい関係をつくれる場所を探しもとめ、そこに定着し、それとのかかわりのなかで自分の「特性」をいかして活動し、生きる意味を見つけようとします。

人間と環境には無限の「特性」がある、という当たり前の事実から出発すれば、その組みあわせもまた、人間の居場所の数とともに、無限に存在しますよね。

つまり人間は、そもそものはじまりにおいて「多様」な存在なのです。

「多様性」という言葉をよく耳にすると思います。この言葉は、たいていはよい意味、大切な価値をふくんでいます。でも、多様性の大事さを説くだけでは、あまり意味がありません。人間は本来的に多様な存在ですから、それは、事実を語っているだけにすぎないからです。

むしろ、本当に考えるべきは、多様であるはずの人間が多様な生きかたを選びとれていない、だから、僕たちは社会全体として、どのように条件を整えていけば、ダメな状況を変えていけるのか、なのです。

でも疑問は残ります。本来的に多様で異なった存在であるはずの人間が、なぜ共に何かをおこなおうとするのでしょうか。

おそらく理由はひとつです。それは、その何かが、自分たちにとって「共通の必要」だから、です。「共通の必要」に目をむけず、各人が多様性だけを追求していけば、社会は分解され、せいぜい個人のかたまりになってしまうでしょう。

ベーシックサービスの核心にある発想は、「社会の共同事業」という考えかたです。税をつうじて、みなが痛みを分かちあいながら、すべての人たちが社会生活に参加でき、健康に、自律して生きていくための条件を整えようとするものです。

大切なのは、僕たちは、そうした「社会の共同事業」にかかわるからこそ、「共にある」という感覚を育むことができる、ということです。

哲学者ジョン・デューイが指摘していますが、社会の基礎にある「共通理解」はモノのように手渡すことができません。共通の目的をもち、関心をもち、それとのかかわりのなかで、自分たちの行動を決めていく、これらのプロセスをつうじて「共通理解」が育まれ、「共にある」という感覚を手にしていけるのです。

この「共にある」という言葉、ぜひかみしめてみてください。

人びとはみなが連帯し、手と手を取りあって、和気あいあいと生きていけるとは限りません。議論をすれば必ず意見は食いちがいます。同じゴールをめざしていても、使う手段は人それぞれでしょう。ですが、この対立や食いちがいを否定する社会に民主主義は存在できません。

みなにとって必要な命と暮らしの土台を、みんなが払った税金でつくりあげる。「共同事業」をつうじて育まれていく「共にある」という感覚があるからこそ、自分と同じように他者にも大切なものがあることを理解し、それぞれの大事にする価値を尊重しあえる。

多様性を大事にする社会は、こうして生まれるのではないでしょうか。そしてこれは、廃れゆく経済にまかせっぱなしにしていては絶対につくれないものなのです。

甘やかしたらサボるでしょ？という思いこみ

命や暮らしの心配がない社会が生まれたら、だれもまじめに働かなくなるんじゃないか、と思っている人はいませんか？

優しくしすぎると人間はダメになる。この点は第4章で掘りさげますが、ありがちなこの発想は、少なくともデータ的には、根拠にとぼしい話です。

先進国のなかでも租税負担が高く、生活保障が充実している北欧と比べてみましょう。ＩＭＤ国際競争力ランキングではデンマークが2位、スウェーデンが6位、ノルウェーが7位、フィンランドが13位にたいして、日本は34位です。

２０００年以降の実質経済成長率を比べてみても同じです。北欧の平均値が１・7％なのに対して、日本は０・９％です。

国際競争力や経済成長率だけでなく、さまざまな指標をもとに作られた国連の「世界幸福度ランキング（２０２０年）」を見るとさらにちがいは顕著です。フィンランド1位、デンマーク2位、ノルウェー5位、スウェーデン7位にたいして、日本はなんと62位という状況です。

僕は別に、北欧をめざそう、と言いたいわけではありません。１９９０年代以降、僕たちは「グローバルスタンダード」という名の「アメリカンスタンダード」を追いかけてきました。ですが、僕たちがアメリカになれなかったのと同じように、いくら北欧のマネをしても、同じ国になれるわけではありません。

ここで強調したいのは、少なくともこれらのデータを見るかぎり、不安におびえる社会よりも、命や暮らしの支えをしっかりとつくり、これを跳躍板として未知の領域にチャレンジできる国のほうが、経済的にも、社会的にも、ポジティヴな結果を生みだしているのではないか、ということです。

僕は働ける人、働けない人、すべての人たちが将来への不安から解放される自由な社会をめざしたいと考えています。人間はだれだって、自分や自分の家族の幸せを願って努力するものです。しかし、そのことと、他者も同時に幸福になれる社会をめざすことは、矛盾しません。

「私の幸せ」と「あなたの幸せ」をひとつにするために知恵を出しあう。「共にある」という喜びにつつまれながら、一人ひとりが個性を発揮できる、多様性に満ちた社会をつくる。これは、人間にしかできないこと。だからこそ、僕は「自由への闘い」に挑みたいと思うのです。

第3章

できる大改革 できない大改革

ベーシックインカムなら知ってるけどね

「ベーシックインカム」という言葉を聞いたことがあると思います。一見すると、僕の主張するベーシックサービスと似ていますよね。

いったいどこがちがうのか、気になるところじゃないでしょうか。

経済学者ガイ・スタンディングの定義によると、ベーシックインカムとは、所得制限をつけず、すべての人たちに、定期的にお金をあたえる政策です。

論者によって額はさまざまですが、月に何万円、何十万円というお金をもらえると聞くと、とても魅力的な提案に聞こえてきますよね。

コロナ問題は第4章で論じますが、特別定額給付金によって全国民が10万円をもらいました。これも広い意味でベーシックインカムのひとつのやりかたです。

歴史的に言うと、ベーシックインカムはそんなに突飛な政策ではありません。古くはトマス・ペインが1795年に執筆した論考、「土地配分の正義」のなかで、すでにベーシックインカムにつながる提案をおこなっていました。

理屈はこうです。いまある所得や富は、自分の努力だけでなく、先人たちの努力と業績による部分も大きい。であれば、本来、共有財産だった土地からあがる収益は全国民に配分されてよいはずだ、こうペインは訴えたのでした。

同様の視点は、シャルル・フーリエ、ジョン・スチュアート・ミル、ヘンリー・ジョージなど多くの知識人にも共有されてきました。

ベーシックインカムの特徴やメリットは、以下の点にまとめられます。

まず、すべての人たちが所得審査から自由になれます。救済される人たちは、ムダ使いするな、働けるのならいますぐ働け、と、社会からの指図を受けがちです。一部の集団が他の集団なら受けるはずのない指図を受けるとすれば、それは公正な社会じゃありません。ベーシックインカムは、慈善としておこなわれてきたまずしい人へのお金の給付を権利に変えながら、公正な社会をめざすのです。

次に、お金で命が保障されれば、働くことと余暇を楽しむこと、好きなほうを選べるようになります。労働は、それを望む人たちの選択の結果になりますし、生きる心配がなくなれば、不当な労働を強いられても、抵抗できることでしょう。

第三に、政府が税でお金を集め、これを社会保障や教育に使うことは、人間の自由を制約します。いまの社会保障では、政府が僕たちのお金を強制的に集め、その使いみちを決めています。ベーシックインカムも財源が税である以上は、取られる不自由は残りますが、お金の使いみちは、自分で決められるようになります。

第四に、ＡＩ化が進むと、人間の仕事が機械に奪われてしまうリスクが高まるかもしれません。だったら、ＡＩ化のすすんだ機械が生みだす収益をベーシックインカムとして人間に還元していけばいいはずです。きっと、機械と共存した、すべての人たちが安心して生きていける社会が生まれることでしょう。

第五に、所得が増えれば、それだけ生活費、とりわけ教育にかかるコストにあてられますので、子どもの出生率を高める有効な選択肢になるかもしれません。

毎月いくらもらえるのかがカギ

ベーシックインカムにはさまざまな利点があります。第三と第四の点は、のちに触れることにして、ここでは、第一、第二、第五の論点を検討してみましょう。

以上のメリットの基本的な部分は「ベーシック」という性格から来ています。

所得審査にパスしないと給付されないしくみは、申請する人の心に屈辱を刻みこむと言いましたよね。反対に、審査をやめ、ベーシックな権利を保障していけば、救済される恥ずかしさ、社会からの冷たいまなざしをなくせます。

また、まずしい人たちだけだと人口が限られますが、ベーシックなものとして、中間層もふくめたすべての人たちの生活コストを軽くできれば、全体として子どもの出生率の向上につなげることも期待できるでしょう。

これらのメリットは、ベーシック、つまり、所得と関係なくだれもが受益者になることと対応しています。ですので、同じベーシックがついているベーシックサービスでも、同じメリットが共有されます。

ベーシックサービスでも所得審査はありません。また、大学や医療、介護等にかかる生活コストは劇的に軽くなりますから、出生率の向上も期待できます。

じゃあ、両者のどこがちがうのでしょうか。

ベーシックインカムの利点は、すべての人たちの「所得保障」をおこなえる点にあるんです。つまり、「救済される領域」は消えてなくなるわけです。

ベーシックサービスの場合は、医療や教育、介護がタダになるので、医療扶助や教育扶助、介護扶助をなくせます。でも、生活扶助や失業給付など、「品位ある命の保障」、つまり、働けない人たちが「救済される領域」は残ってしまいます。

これは、重要なポイントです。じつは、ベーシックインカムの強みは、すべての人たちが生きていけるだけのお金を給付できるか、にかかっています。

もし、月額数万円の給付であれば、それだけで生きていくのはムリです。結局、生活保護の生活扶助が必要になりますから、「救済される領域」がなくなるという、ベーシックインカムのメリットは消えてしまいます。

ふたつめの利点、労働と余暇の好きなほうを選ぶ自由も、給付水準とかかわりますよね。月額数万円の給付があれば、年に一回、ハワイ旅行を楽しめるでしょう。

でも、労働と余暇を自由に選べる、という、本来のねらいは達せられないでしょう。

このように考えると、最低限の生活を保障している生活保護の給付水準、平均で言えば、月額12万円程度の給付がなければ、ベーシックインカムの優位点は、かなり弱められるか、消えてしまうことになります。

ベーシックインカムはお金がかかる

月に12万円のお金をすべての国民に配ってみましょう。必要な経費は、約180

兆円、これは新型コロナ禍以前の国の予算の約１・８倍にあたります。ＩＬＯは、ベーシックインカムを実施すれば、ＧＤＰの２〜3割のコストがかかると試算していましたから、だいたいこの試算どおりの数字という感じですね。

問題は、この財源をどこから引っぱってくるか、です。

もし消費税を増税するとすれば、税率をもう64％引きあげねばなりません。気が遠くなるような数字です。

企業の内部留保に税をかける方法はどうでしょう。よく内部留保が４００兆円を超えたという報道がなされますが、じつは、預貯金は、中小企業もふくめて約２００兆円ですから、これがほぼ1年で吹っ飛ぶ計算になります。

１５００兆円をこえる不動産に税をかけてはどうでしょう。この場合、お金をしぼりだすために、株や不動産を売却せねばなりませんので、資産価値は大きく下落するでしょう。とくに、古い持ち家はあるけれど、収入の少ない人たちからは、家を奪うことになります。

ベーシックインカムは理念的にはすばらしいのですが、最後は、財源問題に突きあたってしまいます。そして、議論はふたつの道のどちらかをたどります。

ひとつは、給付額を切りさげ、5万円、あるいは7万円程度の額で妥協する方向性です。気持ちはわかるのですが、この程度の給付では、結局、生活扶助が必要ですから、ベーシックインカムの強みは消えてしまいます。

また、多くの人たちは、仮に給与が月額何万円か増えたとしても、仕事を大幅に減らして余暇にまわしたりはしないでしょう。年収300万円の人が380万円になったからと言って、いきなり仕事を休みだす状況を想像できますか？　というより、そもそも、仕事のやりがいは所得の多さだけでは決まりませんよね。

もちろん、仕事を減らすことはできなくても、旅行の質が高まったり、消費が増えたりはするでしょう。旅行や消費が増えれば、景気を刺激するというメリットはありますし、それがあたらしい税収を生むかもしれませんね。

でも、お金をどのように使うかは各人の自由です。ですから、貯蓄にまわす人たちも相当出るでしょうし、のちに述べるように、貯めておかないと将来大変なことになります。もし、景気を刺激したいのなら、ベーシックインカムより、政府がダイレクトに消費するほうが効果は大きいでしょう。

社会保障をベーシックインカムに置きかえる？

さて、もうひとつの道です。それは、いまある社会保障給付をベーシックインカムに置きかえることです。財源問題から逃れられないとすれば、既存の社会保障をベーシックインカムに移しかえるしか方法はありません。

もっと正確に言うと、５万円でも76兆円、７万円なら１０７兆円のお金がかかりますから、現実には、いまある社会保障給付を財源にあてなければベーシックインカムの導入は、かなりむつかしいと考えるべきです。

図３―１を見てください。ＩＬＯによる試算です。貧困線を上まわる所得、日本で言えば、年間１２２万円程度を保障しようとすると、医療をのぞいた社会保障だけではお金が足りないことがわかります。この方法は、根本的な財源問題の解決策

図3―1　社会支出とベーシックインカムのコスト

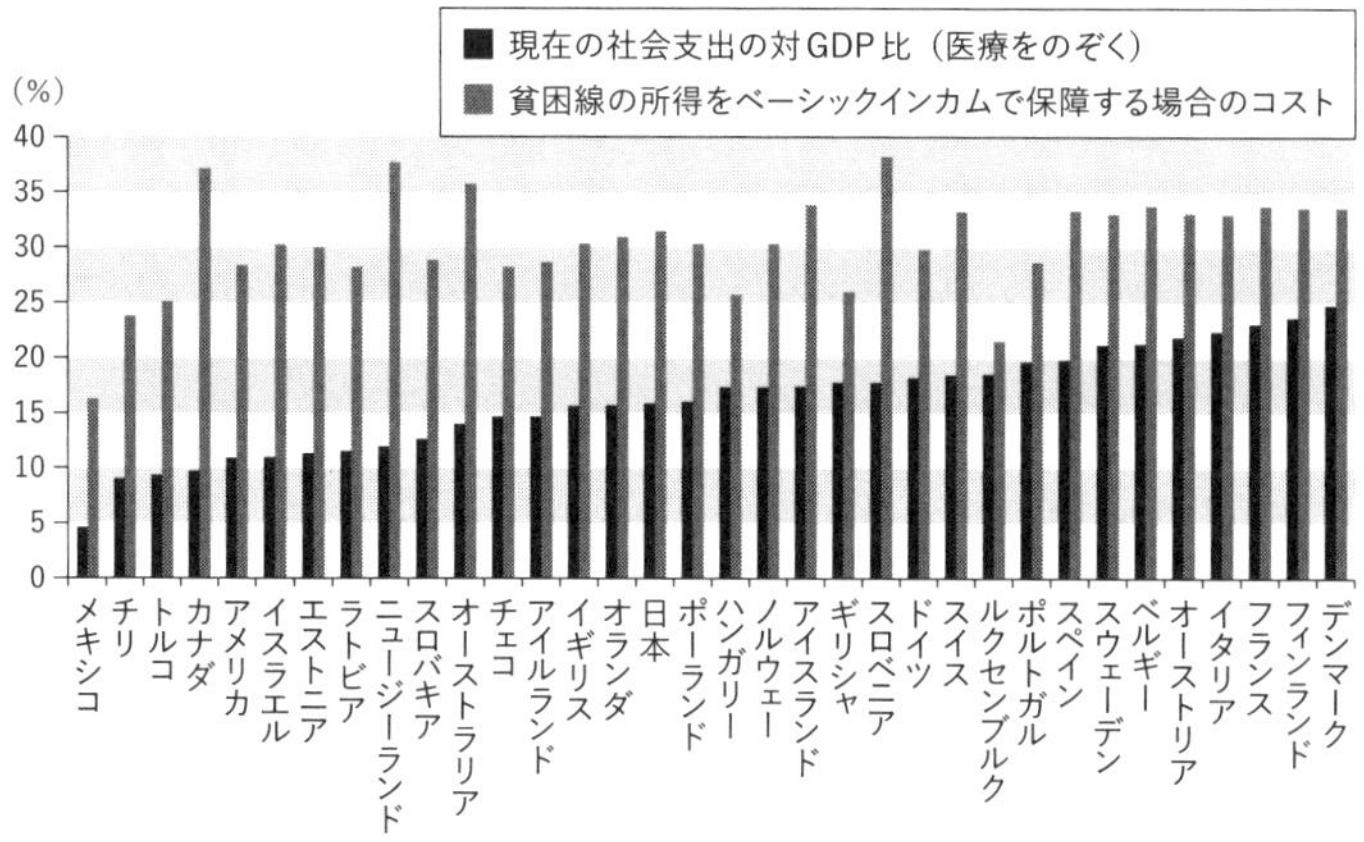

出所：ILO, 2018, Universal Basic Income proposals in light of ILO standardsを修正。

にはならないのです。

ただ、医療もふくめれば、いまの社会保障給付費が約１２０兆円ありますので、対応可能です。これを全国民にお金として配れば、貧困線はこえられませんが、年間で約１００万円、月あたり８万円強の給付をおこなうことができます。

しかし、この方法は、おどろくような対立を生むでしょう。

まず、社会保障のなかには生活保護費がふくまれています。ということは、平均月額12万円だった生活保護の給付額が８万円強に減ります。

また、年金受給者の受けとりも８万

円程度に減らされます。年金の額は個人によって大きな差がありますが、保険料を払わなかった人たちは得をし、保険料をしっかり払い、給付額が大きいはずだった人は損をします。

さらに、医療や介護の負担は10割になりますから、将来の病気や介護に自己責任で備えなければなりません。お金の使いみちは自由なので、目の前の借金の返済にあてる人もでるでしょう。でもそのとき、日本社会からは、生活保護は消え、医療や介護が10割負担になっていることを忘れないでください。

男女の間のリスク差も強まります。生活保障は、基本、自己責任にかわりますので、12万円の保障があるなら別ですが、男性にくらべて、出産等で働ける期間が短く、雇用が不安定で、収入や貯蓄が少ない女性のほうがリスクは大きくなります。

国が所得を保障すれば、民間企業が賃金をカットするかもしれません。これをとめるには、政府による企業への介入を強めなければなりませんが、それは人間の自由をめざす本来の意図と矛盾します。

ようするに、自由にお金を使えるようにしたいはずですが、現実には、お金を使うのが怖くてしかたない状況が生まれるのです。そうなれば、景気を刺激する、という当初のもくろみも水の泡となってしまうかもしれません。

保障しあう領域の大切さ

現実的に考えれば、医療や介護をなくすことはできません。人の生き死にに直結してしまいますからね。お金はもうあげたでしょ、病気で死ぬのはあなたの責任、そんな社会が人びとに受けいれられるとは僕には思えません。

おそらくは、年金や生活保護などのお金で給付されている部分をベーシックインカムに置きかえるのが精一杯だと思います。ですが、社会の分断は深まり、給付額は一気に小さくなって、当初の理念を見失ったバラマキに近づくでしょう。

この論理的な行きづまりは、自由と引きかえに、公的に「保障しあう領域」を縮小させることからくる、必然的な結果だと僕は思うんです。

この問題は、先に見たベーシックインカムのメリットの第三点と関係します。政府に指図されず、お金の使いみちを自分で決められると聞けば、自分の自由が強まった感じがしますよね。でも、保障しあう領域をなくし、自由にお金を使えるようにすれば、究極の自己責任社会が生まれます。

たしかに、政府をはさむと自由が損なわれるというのは、政府を信頼できない多くの人たちにとっては納得のいく主張です。

でも、政府をはさむからこそ、だれからどうお金を集め、それをどんな目的のために使うのかを話しあう、ムダな使いかたをしていないかチェックする、つまり、民主主義の手続きがとても大事になってくるんです。

政府は信じられない、政治家も信じられない、だから税金を自分の手元に取り返そう、こうした主張は、僕に言わせれば、「敗北主義」です。少しきびしい言いかたかもしれませんが、政治をあきらめるのではなく、きちんと政府を監視するために、民主主義を再生していくことこそが王道のはずです。

そう、ベーシックサービスの前提にあるのは民主主義なんです。

サービスはそれぞれに目的があり、交換がききません。教育サービスと医療サービスを交換しても無意味です。そもそものニーズがちがうのですから。

だからこそ、どのサービスの緊急性が高いのか、どのサービスとサービスをセットにすれば、政治的な合意が整いやすいのかを、考え、話しあい、選択しなければなりません。サービスだからこそ、より丁寧な民主主義がもとめられるのです。

みんなにお金を配る社会では、対話はいりません。何が必要かを論じる必要はありません。政策の緊急性もどうでもいい話です。みんなにお金を配るだけですから。むしろ、自由と同時に、個人化を押しすすめやしないでしょうか。お金持ちからすれば、税が戻ってきたうえに、弱い立場におかれた人たちのことを気にせずにすみます。

だからこそ、左派だけではなく、小さな政府や個人主義を高く評価するリバタリアンと呼ばれる人たちもこの考えかたを支持するのです。右と左の呉越同舟です。

民主主義とは必要をめぐる対話の積み重ね。僕は、人間をお金で自由にしてあげるのではなく、自由に生きようとする人間のためにできること、その条件を考える対話の可能性を大事にしたい。

財源問題を無視してみんなに配ってしまえば、すべての人がお金を受けとれます。だから、すべての人の暮らしが楽になるというのは、そうかもしれません。

でも、あたえられたお金を「正しく」使わなかった人たちは放置され、目の敵にされるでしょう。それを阻止するには、正しくお金を使う「義務」が社会的な圧力として、僕たちの生きかたに入りこむしかありません。お金を好き勝手に使ってしまえば、人びとの将来も、社会の秩序も崩壊してしまいますから。

自由を訴えながら、義務を前提にしなければ立ちゆかない、ここにベーシックインカムの究極的難点があります。これは、保障しあう領域、そして民主主義を手ばなしてしまうことのあまりにも大きすぎる代償ではないでしょうか。

特別定額給付金から見えたこと

ここでもう一度、お金にくらべてサービスは安あがりだ、という話を思いだしてください。２０２０年度に実施された特別定額給付金は、このことを、とてもわかりやすいかたちで、僕たちに教えてくれたんです。

特別定額給付金にかかった事業費は約13兆円でした。億の単位をこえると、額のすごさがわかりにくくなってしまいますよね。ちなみに、２０１９年度の幼稚園・保育所の無償化にかかった予算は約９０００億円でした。

当時の安倍首相がおっしゃったように、幼保無償化は、戦後史に残る画期的な政策だったんです。その歴史的事業の約14〜15年分の予算がたった1年で、しかもわずか10万円という現金にすがたを変えたのです。いかにお金がサービスにくらべて高コストか、わかりますよね。

もう少し話を具体的にしましょう。母ひとり、子ひとりの「ひとり親世帯」を考えてください。13兆円のお金があれば、各人に10万円ですから、年間20万円の現金を給付できることになります。月額で言えば、約１・７万円ですね。

でも、大学の学費は、平均で４００万円かかると言われています。20年間、頑張ってお金を貯めて、やっと１人分の学費になる計算です。

繰りかえします。ベーシックインカムだと、いらない人にもお金は配られます。反対に、幼稚園と大学を出た人は、ふたたびそれらの教育を受けなおすことはありません。このちがいが巨額の費用の差となって跳ねかえってくるのです。

思考実験をしてみます。もし僕の主張する「ベーシックサービス」と「品位ある命の保障」を組みあわせれば、10万円だった給付がこんなふうに姿を変えます。

まず、大学、介護、障がい者福祉をすべてタダにし、医療費の自己負担もいまの半額にさげましょう。これは「ベーシックサービス」の部分ですね。

そのうえで、「品位ある命の保障」として、住宅手当を創設し、月額2万円を全体の2割、1200万世帯に配ります。

それだけではありません。新型コロナの影響で失業者は約200万人におよんでいます。ですので、リーマン危機時に350万人に達した失業者を念頭に、月額5万円のお金を失業者に出しましょう。以上すべてで約13兆円になる計算です。

考えてみてください。最低生活保障を徹底してやりながら、中間層もふくめた社会全体の命と暮らしのコストを思いきって軽減する政策と、お金持ちもふくめて10万円をバラマキにする政策、どちらがみなさんはいいですか?

僕はベーシックインカムを全否定したいわけではありません。すべての人たちの命や暮らしを考え、救済を保障に変えようとする議論が広がっていることは、すばらしいことです。学者が頭の体操をおこなううえでもとても楽しい案です。

ただ、税を使って命と暮らしを保障する領域をしっかり整え、そのうえで、お金の給付がどのように人間の暮らしの質を高めるかを論じあうほうが、説得力のある議論になると思います。それでも、僕はお金で暮らしの質を高めるよりも、別の方法を選ぶべきだと考えていますが……これは終章でお話ししますね。

「貯蓄ゼロでも不安ゼロ」の社会

さて、いよいよ核心にせまりましょう。

ベーシックサービスの無償化、つまり、医療、介護、教育、障がい者福祉の自己負担をなくすためには、どれくらいのお金がかかるのでしょうか。ここが一番みなさんの知りたいところですよね。

結論から言います。もし、みなさんが、「消費税を16%にあげてもいいよ」とおっしゃれば、その瞬間に、ベーシックサービスは無償化されます。住宅手当の創設も、失業給付の充実もできます。

仮に、毎年度の財政赤字をなくすのであればもう3%必要となる計算です。ですので、16から19%くらいをめざして消費税率を引きあげることになります。

ここで言っている無償化とは「実質的な意味」での無償化です。

たとえば、義務教育のなかで必要になる給食費や学用品費、修学旅行等の積立金が無償化されます。あるいは保育士や幼稚園の先生、介護士さんの給与も引きあげられて、待機問題を解消できますし、医療費の場合、無償化されれば利用者が増えるでしょうが、その可能性もふくめて計算しています。

もし僕が、「いま１００円のジュースが１１０円ではなく、１１６円になるよ」と言えば、みなさんはどう感じます？　１１６円になるかわりに、子どもの教育費の心配をせずにすみ、医療や介護などの老後の心配もなくなるとすれば。もし、自分や自分の子どもが障がいをもっていても、お金の心配をしなくてすむんです。

そうです。「貯蓄ゼロでも不安ゼロ」の社会はつくれるんです。そんな社会をめざすためには、税金を「取られるもの」から「暮らしの会費」に変えていかないといけない。ここがポイントです。

２０１９年に消費税率が引きあげられたとき、朝日新聞の世論調査で興味深い結果が出ていました。

実施前と実施後で調査がおこなわれていますが、実施前は賛成が39%、反対が54%、自民党支持層にかぎっても両者はほぼ同じという数字でした。

ところが、実施後の調査では、納得しているが54%で、納得していないの40%を大きく上まわり、自民党支持層にいたっては、納得しているの74%が納得していないの22%を大きく引きはなしたのです。

数字にはさまざまな解釈の余地があります。でも、消費税にきびしい朝日の調査で、増税実施後に国民の5割以上が「納得している」と答えたことは、同年に実施された参議院選挙で、増税を訴えた与党が勝った事実とピッタリ重なります。

この予想外の反応のひとつの理由は、幼保無償化や低所得層の大学無償化という「見かえり」があったからではないでしょうか。

ここで第1章の議論をぜひもう一度思いだしてください。

僕はこれらの政策にくわえて、医療や介護の自己負担の軽減、大学無償化の適用範囲の拡大、住宅手当の創設などを提案しました。もしこの政策が受けいれられていたら、「納得している」と答えた人はもっと増えたのではないでしょうか。

消費増税は景気を悪くするの？

ただ、税を暮らしの会費に変える、というと聞こえはいいですが、実際には、いろんな反発がありそうです。税をあげればその年の景気は落ちこみますしね。

少し数字を追いかけてみましょう。

2014年4月に消費税が5%から8%に引きあげられました。その結果、実質GDP成長率は前年の2%から0・3%に低下しました。

たしかに増税後の経済成長率はさがりました。でも注意したいのは、前年の2%という数字は第二次安倍政権のなかでもっとも高い数字だった、ということです。

これは、増税後の消費が増税前に移動した、「かけこみ需要」の影響です。

2019年10月の8%から10%への引きあげのときは、2018年の0・6%から0・3%への低下ですから、さらにおだやかな変化でした。ちなみに、19年の10月に大型台風19号が日本経済に深刻な打撃をあたえました。それでも、0・3%減というおだやかな変化でしかなかったのです。

2019年の増税のときには、もうひとつおもしろい変化が起きていました。

家計の消費が落ちこんだかわりに、政府の消費が伸びたんです。消費増税で手に入れたお金をもとに、幼保や大学のお金を政府がかわりに支出したからです。幅をもってみる必要はありますが、第一生命経済研究所は、個人消費が0・1%弱押しさげられたけれども、政府消費は0・2%伸びている、と試算しています。

これは、増税によって集めたお金をきちんと給付に結びつけていけば、景気へのマイナスの影響を小さくできる、という可能性を示唆しています。

経済の底力を引きあげよう

みなさんは自分が何歳で死ぬか、知っていますか?

くだらない質問だと思わないでください。これはとても大事な、まさに本質を突く質問です。だれも自分の寿命なんて知らないですよね。そうなんです。だから、僕たちは、90歳、100歳まで生きてもいいようにお金を貯めるのです。

でも、たいていの人はその前に死んでしまいます。ですから、過剰貯蓄、裏をかえせば、過少消費がものすごい大きさで発生してしまっているわけです。

図3—2　成長を底上げするベーシックサービスモデル

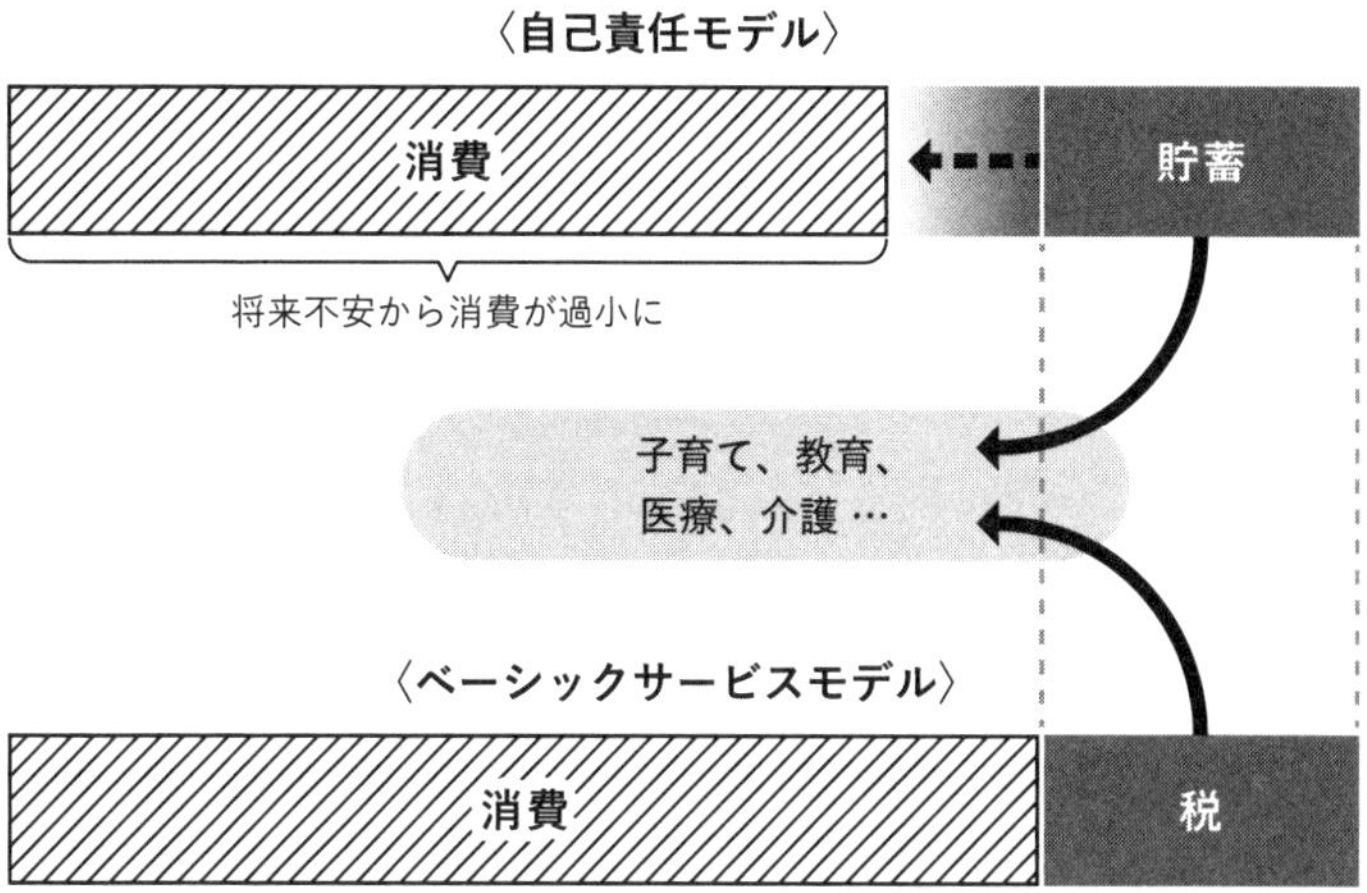

正直、これはかなり切実な問題です。

僕には4人の子どもがいる、と言いましたが、この子らが全員、私立の中学、高校、大学にいきたい、と言いだすかもしれません。すると塾や習いごとをふくめて、5000万円以上の蓄えが必要になります。書いてて めまいがしてきます。

もちろん、だれも進学しない、ということもありえます。そうだとすれば、これらの蓄えは、本当は消費に使えたはずのお金だったことになります。

これらのお金を消費にまわせていれば、いまの経済が成長し、所得が増え、あらたな税収が生まれたはずなのです。

おわかりでしょうか。みなさんが銀行にお金をあずけて、将来不安におびえながらそのお金を塩漬けにするのではなく、税金を払うかわりに、それを毎年度、毎年度、政府が消費する経済に変えていくべきなんです。

将来の安心をバネにして消費を刺激し、経済の成長トレンドを引きあげる。公共事業や減税などの「投資先行型経済」を「保障先行型経済」につくりかえるのです。図3―2（139ページ）を見てください。僕たちは生きていると必ずニーズが発生します。生まれたあと、ほったらかしにされて生きのびられる赤ちゃんはいません。だから必ず子育てのニーズが生まれます。

病気にならない人間も、一生、教育や介護が必要ない、自分は障がい者に絶対にならないと断言できる人間もいません。医療、教育、介護、障がい者福祉のニーズは、生きているかぎり、つねに存在し続けているのです。

このようなニーズを、働いて、貯金して、将来不安におびえながら自己責任で満たしていく社会を続けていきますか？　それとも、みんなで暮らしの会費を出しあって、みんなが不安から自由になれる社会に変えていきますか？

僕たちは、まさに決断のときをむかえているのです。

「山が動いたシンドローム」は終わった

僕はこれまで消費税の引きあげでお金をあつめ、命と暮らしを保障すべきだ、と言ってきました。わかりやすくするために消費税で説明しましたが、この税だけでお金をあつめる必要はありません。いろんな税の組みあわせでよいのです。ですが、この税の組みあわせのなかに消費税を入れた瞬間に、多くの左派の人たちから忌み嫌われてしまいます。

日本の左派は消費税にとても強いアレルギーをもっています。その発端のひとつが１９８９年、平成元年におこなわれた参議院選挙です。

消費税の導入をめぐって争われたこの選挙では、導入反対をかかげた日本社会党が選挙で圧勝しました。そのときに、当時の委員長だった土井たか子さんが有名な言葉をおっしゃいました。知ってます？「山が動いた」という名言です。

それ以降、日本の政治には「山が動いたシンドローム」が生まれました。成功体験ゆえに、消費税批判は、左派にとっての「錦の御旗」になりました。自民党は自民党でこのときの失敗体験が尾を引き、消費税を財源とした命と暮らしの保障を論じられなくなりました。介護保険の導入に踏みきったことは大きな成果でしたが、結局、足りないお金は借金でごまかしてきました。

この歴史体験は、日本社会にとって幸せなことではありませんでした。

ふつうヨーロッパでは、左派こそが日本の消費税にあたる付加価値税を財源として、サービスの充実を訴えてきましたが、日本ではそれが起きなかったのです。

政治学者の加藤淳子さんは、付加価値税をオイルショックの前に導入できたかどうかで、福祉国家の大きさが変わることを明らかにしました。日本の導入は1989年ですから、かなり出遅れてしまったことになります。

でも、歴史はふたたび動きました。2017年と2019年の総選挙では、消費増税を訴えたほうが圧勝したのです。平成のはじまりとともに生まれた「山が動いたシンドローム」は、平成の終わりと同時に、最期をむかえたのです。

消費税ははずせない

僕の発想はきわめてシンプルです。消費税を軸に、所得税や法人税などのお金持ちや大企業への課税を組みあわせればよい、というものです。

ここでのポイントは「消費税ははずせない」という点にあります。理由は簡単なんです。消費税はときに「ステルスタックス」と呼ばれるように、目に見えにくく、負担感が少ない一方で、多大な税収を生んでくれます。

消費税率を1％引きあげると約2・8兆円の税収増となります。でも、1237万円超の富裕層の所得税率を1％あげても1400億円程度、法人税率を1％あげても5000億円程度の税収しか生まれません。

僕は消費税を16％から19％程度にまであげるべきだ、と言いましたよね。これをほかの税に置きかえると、所得税なら120％から180％、法人税なら34％から50％程度の引きあげが必要になります。これじゃあ経済は破たんしてしまいます。

先にも指摘しましたが、企業の内部留保に税金を、という議論もあります。でも、企業全体の預貯金の半分を保有する中小企業はバタバタたおれるでしょう。もし、大企業に限定して課税するとすれば、わずか数年で金庫が空っぽになってしまいます。

ようは、消費税を抜きにすると、実現できる政策のスケールがとても小さくなってしまうんです。ケタちがいの税収を生む消費税を選択肢からはずし、富裕層や大企業への課税のみで社会を変えようと言ってもリアリティがありません。

ですから、僕は消費税を軸に命と暮らしの保障を徹底させつつ、まずしい人の負担が相対的に大きくなる消費税とお金持ちへの応分の負担を組みあわせることで、税と税のあいだの公正さを実現していくべきだと考えています。

認められたいという欲求を満たす

もうひとつ、消費税を軸とすることの大切な理由があります。

それは「承認欲求」の問題です。

哲学者アクセル・ホネットは、「まわりの人から認められたい」という人間の承認欲求を満たすための条件を、次の3つに整理しました。

(1) 家族から惜しみない愛を受け、自分自身を信頼できるようにすること

(2) 他者と同じ権利をもち、道義的責任を果たすことで自己尊敬の感情を育むこと

(3) 共同体への貢献をつうじて自分の価値を確認できるようにすること

消費税は、たしかに、まずしい人もふくめたすべての人たちを負担者にします。でも、そこで思考を止めてはいけません。そもそも消費税の負担は、住宅手当で相殺されます。また、みなさんは、給付ですべての人たちの命や暮らしを保障しあうという、「もうひとつの顔」も知ったはずです。

「ライフセキュリティの社会」では、子どもはコストではなく、愛《いつく》しみの対象になります。教育費から解放され、まっとうな労働環境を手にした大人たちは、子どもの成績にカリカリすることなく、おだやかな時間を過ごし、子どもたちもまた、愛されているという確信をもてるようになるでしょう。

消費税は、まずしい人も、外国籍の人も、日本に暮らすすべての人が払う税です。だからこそ、すべての人が税を納めるという道義的責任を果たすことになります。救済されるのではなく、サービスを利用する権利を手に入れるための責任をまっとうするのです。

だれもが、納税の義務を果たし、将来への不安のない社会をつくるための担い手になれる社会は、自分の属する社会というコミュニティを支えている自負をもつでしょう。それは、自分の価値を実感することができる社会でもあります。

僕のねらいはまさにここなんです。

税を語れば嫌われます。ものすごく嫌われます。僕だってこんな話をわざわざしたくありません。でも、耳ざわりのよい人気取りではなく、本気で将来の社会ビジョンを語ろうとすれば、この問題から逃げることは絶対にできないのです。

僕はあえてみなさんに財源論をぶつけ、多くの人たちから嫌われている消費税を政策の中心にすえました。あたらしい社会像をリアルに示したいからです。

どんな社会像？　それは、他者から認められていることを実感できる、仲間とともに痛みとよろこびを分かちあえる、誇りに満ち、人間の顔をした社会なのです。

MMTじゃいけないの？

それでもなお、借金でお金をまわせばいいんじゃないか、という気持ちはみなさんのなかに残るのかもしれませんね。この発想に立てば、ベーシックインカムの財源問題も解消されますし。

「現代貨幣理論（Modern Monetary Theory：MMT）」によると、いくら通貨を発行しても財政は破たんしないと言われています。財政が破たんしないのであれば、いくらでも支出は増やせますし、仮にインフレになっても、そのときに増税して、物価の上昇を抑えればすむだけの話です。

増税はせず、借金で財政を思いきってまわしていくというアイデアは、一見、よさそうな感じがしますよね。

でも、１９９０年代を見ればわかるように、空前のスケールで所得税の減税と公共投資を繰りかえした結果、残されたのは、先進国最大の政府債務とデフレ化した経済でした。そもそも財政だけではもちこたえられないほど、日本の経済は弱りつつあったのです。

この経験にまなぶのであれば、論理的に考えると、平成元年に２６６兆円だった政府債務残高が平成の終わりには１１００兆円をこえたわけですから、それをはるかにしのぐ財政出動が必要になるはずです。

極論すれば、みんなに１０００万円ずつ配れば、消費は増えていくでしょう。その結果、日本経済がデフレから完全に脱却できたとしましょう。

ですが、同時に円の供給がふくれあがり、市場の心理が悪化することで、為替の大幅な下落が起きることはまちがいありません。つまり、デフレからの脱却とは、大幅な物価上昇を意味する危険性が高いのです。

たしかに、いまは増税せずにすむかもしれません。でもそれは、将来のインフレというかたちで、モノの値段があがるという「見えない税」に変わります。

おまけに、インフレを増税で抑えこもうとすれば、相当、大規模な増税が必要となるでしょう。それは、僕が議論したようなサービスの対価としての増税ではなく、見かえりのない、取られっぱなしの増税です。まさに借金のツケの先送りです。

なぜ、そのようなリスクを負ってまで、極端な借金依存の財政をつくらなければいけないのか、正直、僕にはわかりません。

学者として、評論家としてMMTを論じるのはけっこうです。ですが、うまくいくかもしれないけれど、大変なことになるかもしれない。そのようなリスキーな政策に国民の命を懸ける。そんなギャンブルのような政治は、いくら耳ざわりがよくても、ひとりの国民として支持することができません。

民主主義を守るために

ただ、本当の問題は経済じゃないんです。財政が破たんしないことを強調しすぎるあまり、民主主義という大切な論点がスッポリ抜け落ちていることなんです。

僕たちが好きなだけ借金をして、その結果、深刻なインフレに苦しむことになったときを考えてください。それが来年の人であれ、5年後、10年後の人であれ、若い人たちの一部は、自分たちが決めたわけじゃないムダ使いのツケを増税で負わされることになります。

財政法では「その年度の支出はその年度の収入でまかなう」ことが原則とされています。いまの自分が欲しいものを、未来の人たちの収入をあてにして買うことを繰りかえせば、未来の人たちの「意思決定」をさまたげてしまうからです。

財政民主主義という言葉を聞いたことがありますか?

なぜこんな言葉があるんでしょう。それは、議会で、みんなが必要だと思うものを考え、そのために必要なお金をどこから、どのように集めるのかを話しあうからです。実際、日本の国会でも、一番重要な委員会は予算委員会ですし、一年の大部分は予算のことを話しあっています。

ここはとても大事な点です。税が前提だから、僕たちは、必要なものとムダなものを話しあいます。なぜなら、ムダが多ければ多いほど、税の負担は増えていくからです。子どもたちに、自分たちが決めてもいない負担を押しつけるのは公正ではありません。だからこそ、議会できちんと議論しないといけないんです。

もし、税を前提にしないのなら、こんな話しあいは、一切いらなくなります。好きなものを好きなだけ、しかも税金を払わずに、手に入れることができるのですから。ＭＭＴを利用した政治主張は、政治の、民主主義の自殺行為です。

歴史を見てください。人類が革命をつうじて、命懸けで手にしようとしたものはなんだったでしょうか。命懸けで税金をなくそうとしたのではありません。税の使いみちを自分たちが自由に決める権利を手にしたくて闘ったのです。

イギリスの権利章典であれ、アメリカの独立宣言であれ、フランスの人権宣言であれ、みな同じです。税があることへの怒りではなく、税の使いみちを勝手に決める支配者への怒りがハッキリと示されています。

民主主義とは、痛みを分かちあってでも、この社会を生きる仲間たちの幸福を考える地道で大切なプロセスなのです。伸るか反るかのギャンブルでこのプロセスを破壊することは、人類の歴史への冒涜ではないでしょうか。

信じられない政府

もうひとつ、大きな困難があります。それは政府への不信感という問題です。

政府のなかにいる人びとを信頼できるかという問いにたいし、「つよく賛成」「賛成」と回答した日本の人の割合は、「国際社会調査プログラム」では日本は38対象国・地域中36位、「世界価値観調査」でも、「政府をどの程度信頼しますか」という質問にたいし、「非常に」「かなり」と答えた人の割合は60カ国中52位です。

みなさんのなかにも、政府のことが信用できない、政府は僕たちの希望どおりに税金を使ってくれない、という不信感があるかもしれません。

この批判にはふたつの答えを示したいと思います。

ひとつは消費税の性格とかかわっています。

消費税法の第1条2を見てください。そこには、「消費税の収入については……毎年度、制度として確立された年金、医療及び介護の社会保障給付並びに少子化に対処するための施策に要する経費に充てる」とハッキリ書かれています。

所得税や法人税のほうがはるかに目的以外に使用されるリスクは高いですから、政府が信じられないなら、使いみちを限定している消費税をいかすべきです。

ただ、僕たちは一度、悲しい経験をしています。じつは民主党政権のもとでの社会保障・税一体改革では、消費税を5％から10％に引きあげるうち、その8割が「社会保障の生みだす借金」を減らすために使われたんです。

みなさんはこの事実を知ってましたか？

おそらくほとんどの人が知らなかったんじゃないでしょうか。

日本は税の話から逃げ、借金にたよっていろんなサービスを提供してきました。これは財政民主主義の本質である、みんなに必要なものを話しあい、そのための負担を議論しあう、という経験をもてずにきたことを意味します。

税金のことなんて考えなくても、サービスは受けられる。この体験の積み重ねは、税の使いみちをきちんとチェックしない、自分の税が何に使われるか知ろうとしない、非民主的な社会を生みました。ＭＭＴは民主主義の自殺行為だと僕はきびしく言いましたが、借金慣れは、現実に民主主義を骨抜きにしたのです。

大切なのは、税の使いみちを監視する力です。いったい何のために、だれのために税を使うのか。これをチェックする僕たちの力がいまこそ、問われているのです。

信じられないなら僕らが監視すればいい！

もうひとつの答えはもっと明快です。

そんなに信頼できないなら、信頼できるようにしてしまえばいいんです。

オランダの経済政策分析局（Centraal Planbureau：CPB）を紹介しましょう。

CPBは1945年に創設された政府機関です。政府機関とは言っても、政府からの介入を排して、分析をおこなうことが法律で義務づけられています。

彼らは、選挙の際、それぞれの政党や市民団体の要望を受けて、各党の公約を実施した場合に予想される経済や財政への影響を分析して発表します。

あの政党の政策を実施すれば、財政赤字がこれくらい大きくなるとか、この政党の政策が実現すれば、自分のいる層の税金がこれくらい重くなるとか、有権者はその政策がもつ効果を目に見えるかたちで知ることができるのです。

CPBのおかげで、有権者は、自分がどの党に投票すべきかがわかります。オランダの国政選挙の投票率が8割をこえているのも当然のような気がします。

政党の行動も変わります。自分たちの政策が数字で見えるようになると、各党は非現実的な選挙公約をつくれなくなります。また、与党が選挙公約を反故にしてしまえば有権者から強い反発を受けますから、彼らは公約を必死に守ろうとします。

政府が信じられないから増税に反対という主張を聞くと、僕はとてもはがゆい気持ちになるんです。いや、もっとはっきり言えば、そんな主張はもうやめてほしい、とさえ思います。

そんなに政府のことが信じられないのなら、彼らをきちんと監視し、同時に、彼らが僕たちの期待どおりの行動をとってくれるための方法を全力で考えるべきです。

そこから逃げておきながら、政府は嘘つきだからと増税に反対し、借金すればいいじゃん、という極論に突きすすむ発想に僕はついていけません。

僕は、民主主義を大事にしながら、よりよい社会をねばり強くめざしていきたい。それは、子どもたちへの、先に生まれた人間としての責任だと思います。無関心、傍観、そして反対のための反対は、不幸を増殖させる近道です。

問われる人間観と社会観

ベーシックインカムやMMTの議論を聞いて感じるのは、いかなる人間観をもち、いかなる社会観をもっているのだろう、ということです。

お金があれば嬉しいのはだれだってそうでしょう。でも、お金さえあたえれば人間を幸せにできる、と考えるとすれば、それはまちがいです。

僕は、お金をあげて人間を幸せにしてあげるという世界ではなく、生きていく、暮らしていくための心配をなくすことで、働き、幸せをつかみとろうともがく人間が、その力を最大限発揮できるような世界をつくるべきだと思います。

AI化がすすむと人間の雇用が奪われる、だからベーシックインカム（BI）を、という議論を紹介しました。この議論にも同じ問題、つまり人間軽視の思想がくすぶっています。

AIからBIへという議論の発端は、アメリカで10年から20年のあいだに労働人口の47％が機械に置きかわることを論じたフレイ&オズボーン論文でした。

でも、この議論は、もはや過去のものです。

経済学者の岩本晃一さんは、機械では取ってかわることのできない高度な仕事を人間が請け負うので、全体の雇用量は変わらない、いや、増える可能性さえあると見るのが国際的に通説的な理解だと説明しています。オズボーンさん自身、あたらしく生まれる雇用の可能性を考えていなかったことを認めたとも言います。

人工知能学会の山田誠二元会長の批判も痛烈です。

山田さんは、ＡＩが雇用を奪うという議論は、「噴飯もの」だと非難し、何十億年をかけて私たちが手にした合理性を数十年で機械が乗りこえるという議論への違和感を表明しました。ＡＩ化がすすむと人間の雇用が奪われる、という議論は、人類の偉大な能力への敬意を失った議論だということです。

第2章で僕は、「共にある」という感覚をどのように育んでいくのかという問題提起をしました。これは、まさに社会観とかかわる、大事な問題です。

ベーシックインカムやＭＭＴでは、いまの日本社会の根本を変えることはできません。お金をあげるから、あとは自分たちで自由に生きてねという主張は、序章で問題にした自己責任の社会をそのまま前提にしています。そんな社会のなかで、「共にある」という感覚をつくっていくことなどとうてい不可能です。

僕たちは財源論から逃げるべきではありません。人類が命懸けで手にしてきた税のかけかた、使いみちを自分たちで決める権利、この大切な権利を使いこなすことこそが人間にもとめられる知性のありかたではないでしょうか。

税をよりどころにして、対話を重ね、政府を監視し、痛みを分かちあいながら、みんなの幸せのありかたを考える――この積み重ねの先に、子どもたちが生まれてきた価値のある、生きていく価値のある社会がある、僕はそう思うのです。

第4章

新型コロナウイルスが教えてくれたこと

僕たちが立ちむかう相手はだれなのか？

新型コロナウイルス（以下、コロナ）が世界中の国ぐにを震えあがらせました。僕たちにとって、オリンピックイヤーだったはずの２０２０年は、まったく別の悲しい意味で、歴史にその名をとどめることになりました。

この間、メディアでは、「コロナのおかげで日本社会が変わる」というニュアンスの記事を見かけました。

学者の屁理屈だと笑わないでください。コロナが日本を変えてくれるはずはないのです。何が問題なのかを見きわめ、それを変えていくのは意志をもつ人間の役目のはずです。

この当たり前の事実からこの章をはじめましょう。あえてきびしい目で現実を見つめ、問題をしっかりと洗いだしていくことは、いまを生きる僕たちの未来への責任であり、義務じゃないか、と思うんです。

まずは課題を整理しておきましょう。

雇用が不安定化し、企業経営もきびしさを増すなど、コロナが生みだした問題はたしかにありました。ですが、それと同時に、コロナによって見えるようになった、もともとあった問題に気づいた、という面もたくさんあります。

コロナが生んだ問題であれば、その時どきの困りごとに対応する「応急処置」がもとめられるでしょう。反対に、もともとあった問題なら、「抜本的措置」が求められるはずです。この章で僕が光をあてたいのは、後者の問題です。

それともうひとつ、社会を不安が覆い尽くす、というとき、その不安は一種類ではありません。「これを押せばすべて解決！」といった、都合のよい解決のボタンがあるわけではないのです。

僕は、これまでの章で、将来不安や生活不安という言葉を何度も使いました。

ではこの不安とはだれのどんな不安なのでしょう。

いま職を失い明日の生活を案じている人の不安と、いま職はあっても来年はどうなるかわからないという人の不安、さらにはひとりで生きる人たちと共稼ぎのカップルの不安とでは、意味や内容がちがうはずです。

この「不安の多様性問題」については、最後の章で取りあげることにします。

この章で問いたいのは、僕たちの強さ、そして弱さの問題です。

コロナに立ちむかう意志は人間の強さの象徴です。医療や介護の現場で不安におびえながらも日々格闘した人たちには、だれもが頭がさがる思いでいます。

ですが、彼女ら／彼らをたたえるだけでなく、僕たち自身が、もうひとつの強さをもつべきじゃないでしょうか。自分たちの生きる社会を見つめなおし、コロナをつうじて発見した弱さ、もろさを正面から受けとめ、それを乗りこえていく強さを。

僕たちが本当に立ちむかうべき相手は、ウイルスだけじゃありません。自分たちの生きる社会、そして僕たち自身の弱さです。この大きな問題を、「ライフセキュリティの社会」と結びつけながら考えていきたいと思います。

感染予防か？　経済か？

当初のコロナへの政府の対応を見ていて、どうにもスッキリしないことがありました。それは、「感染者を減らすこと」と「経済を守ること」、これらの優先順位を、いつ、だれが、どこで、話しあったのか、という疑問です。

雇用が不安定になり、所得が減るなか、１９９８年に自殺者が急増し、その後も高い水準で推移したことを第１章でお話ししましたよね。

１９９７年に起きたアジア通貨危機の影響は深刻でした。輸出先だったアジアの経済が急速にかたむき、98年には日本経済はマイナス成長を記録しました。完全失業者数もたった1年で50万人も増え、ピークの２００２年にかけてさらに80万人増えるなど、きびしい時代がおとずれたのでした。

そのときでしたよね。自殺者数が８０００人以上増えたのは。

この悲しい過去を知っている僕からすれば、感染予防を最優先し、経済がダメージを受けたとき、コロナで亡くなる人が減ったとしても、自殺者数が増えずにすむのか、そのことが心配でしかたありませんでした。

政府にとって重要なのは、失われる命を最小にすることのはず。コロナ感染が理由であれ、自殺が理由であれ、全体としての犠牲者数をどのようにコントロールするかが国をあずかる政府としては、決定的に大事なことだと僕は思います。

ただここで言いたいのは、経済を優先すべきだった、ということではないんです。そうじゃなくて、全体の犠牲者の数を最小化するために取ることのできる選択肢を示し、どれを選ぶのか、国民的なコンセンサス（合意）をつくるプロセスを僕たちはちゃんと大事にしたのか、まさに、ここを問題としたいのです。

合意のない見切り発車は、納得のいかない人たちの不満を生みます。不満の声に神経をとがらせなければならない政府は、そのとき、そのときの世論に振りまわされ、政策的に右往左往することになるでしょう。未来のことはだれにもわからないからこそ、結果だけでなく、どんな基準で、何をゴールにさだめるのかという意思確認が大事になるのです。

もちろん、突然の危機がおとずれたとき、のんびりと議論を楽しむ余裕はありません。でも、政府のなか、市民のなか、いろんな場で僕たちは、何を守り、何を変えるのかを考えることはできます。それらのさまざまな意見を方向づけるメディアの役割も重要です。僕が考えたいのは、そんな国民の意識の問題なのです。

政府の「強硬な行動」への抗議

ここでスウェーデンに目をむけてみたいと思います。

正直に言うと、少し悩ましい問題です。ある国を取りあげ、ほめたたえ、自分たちの国をその下に置いて自分の政府を悪く言うのは、危険なやりかたです。批判のための批判はしたくありませんから。

でも、僕から見て、スウェーデン社会のコロナとの向きあいかたは、とてもうらやましいと感じる、すばらしいものでした。だから、あえてそれをみなさんに紹介することで、気づきと議論の手がかりにしたいと思います。

メディアでも、しばしば、スウェーデンのコロナ対策が取りあげられました。スウェーデンの対応が個性的だったのは、ロックダウンをおこなわず、必要最小限しか市民生活を制限しなかったことです。これにたいして、初期の段階で死者数が多かったことを念頭に、集団免疫の獲得をめざしたけれど、それは失敗に終わったというネガティヴな論評をあちこちで見かけました。

そもその話ですが、スウェーデンは、集団免疫の獲得をめざしていません。また、第一波が収束するまで、PCR陽性診断から30日以内の死亡は、直接死因でなくてもコロナ感染死として数えられ、死者数が過大にカウントされました。さらに言うと、初期の死者数の増大は、介護施設の対応ミスが原因でした。ロックダウンとは無関係で、その問題はすみやかに修正されました。

いろいろとメディアの評価には言いたいことがあるのですが、いまからみなさんと考えたいのは、スウェーデンのコロナ対策のよしあしじゃないんです。彼らがどんな動機でこのような選択をしたのか、です。

ペールエリック・ヘーグベリ駐日大使へのインタビュー記事を見てみましょう。大使は、死者が多かったことを率直に認めたうえで、こう述べています。

「スウェーデンは200年にわたる平和、安定と民主主義の国。個人の自由と責任によってこの社会を創造してきました。われわれは政府の強硬な行動を見たことがない。厳格に自由を守ってきたのです」

ロックダウンや学校閉鎖のような、移動や活動の自粛を求める動きをさして、「政府の強硬な行動」と表現していることに注意してください。僕たちは、この「政府の強硬な行動」という視点をどのくらいもっていたでしょうか。

スウェーデンでは、この視点が市民活動のレベルでも共有されていました。「民主主義・選挙支援国際研究所（International Institute for Democracy and Electoral Assistance）」は、500をこえる政治指導者やノーベル賞受賞者、著名人たちが署名した書簡を作成、公開しました。

この書簡のねらいは、市民の民主主義への関心を高め、結束を強めることにありました。そのために、世界の一部政府が新型コロナウイルスの流行を「権力支配の強化」に利用し、民主主義や市民の自由をむしばんでいると警告したのです。

進行中のコロナ流行は「民主主義に対する地球規模の手ごわい挑戦」であり、「民主主義が脅威にさらされている。それを気にかける人びとは、民主主義を守るために意志や秩序、連帯を呼び起こさなければならない」、こう呼びかけたのです。

僕たちは何を守ろうとしたのか

人間の権利と自由を守る、これらの視点があったからこそ、スウェーデンのコロナ対策では、「日常をできるだけ維持する」ことが追求されました。

どの先進国でも、学校閉鎖は問題となりましたよね。でも、15歳以下の感染率、死亡率がきわめて低いという科学的根拠をもとに、スウェーデンでは、子どもの生活のリズムや学ぶ権利を最優先にし、小中学校は閉鎖されませんでした。

僕たちが小中学校を閉鎖したとき、いかなる根拠にもとづいていたのでしょう。あるいは、感染予防の重要性と子どもの生活のリズム、学びの権利をどのくらい本気で比べたのでしょうか。これらはきちんと問いなおされるべき問題です。

ロックダウンについても同じことが言えます。

そもその話ですが、スウェーデンの憲法には、「すべての人は公的機関による自由の剥奪から保護される。その他、スウェーデン市民である者には国内を移動し出国する自由も保障される」と明記されています。こうした法体系のもとでは、ロックダウンは、当然、人間の権利に反するものだと理解されます。

ちょっとおどろく話があります。日本と同じく、スウェーデンも1990年代のはじめにバブル崩壊を経験しました。政府は、このときに失業した人たちの生活を追跡調査し、彼らの寿命が平均よりも短いという事実を突きとめていました。

背景にあったのは、失業とともに外出の機会が減ったストレスが、心の病やアルコール依存といった問題を引き起こしたという事実でした。

ロックダウンがどのくらい続くかは予測がむつかしいですよね。可能性として、長期の外出自粛が避けられないのなら、失業者たちが抱えこんだ問題が再燃するかもしれません。経済が停滞し、失業者が増えてしまえば、なおさら、同じ問題に苦しむことになるでしょう。

このように、ロックダウンは、憲法の規定にはばまれ、明確な科学的根拠にとぼしく、長期の継続がむつかしいという理由で選択肢からはずされたのでした。

スウェーデンでは、個々の政策の長期的なメリット・デメリットを考えながら、経済を守ることと、感染者を減らすことの重要性が比較されました。「自由の保障」がまず優先され、そのうえで犠牲者の数を最小にするため、「科学的根拠」にもとづいて選ばれたのが、「日常をできるだけ維持する」という方針だったのです。

こうした彼らの決断を見たとき、コロナによる死亡者の数だけで評価することの一面性を思わずにはいられません。そもそも、感染死の数と同時に、経済死の可能性を考え、全体を考えながら議論をしていたわけですから。

迷走する政策

この点は大切なので、慎重に議論しましょう。

結果で評価することは大事です。たとえば、日本では、厚生労働省のチームがいち早く「三密」の環境リスクの高さを発見し、政府がこれへの接近を避けるようにうながし、その要請を国民が忠実に守った事実は評価されるべきでしょう。

こうした対応が功を奏して、韓国、台湾、香港、ヴェトナム等とならんで日本の死亡率が低かった事実は、正しく評価されなければいけません。

この点については、次の項であらためて考えますが、一方で、どんな結果に終わるのかは、だれも知ることができません。だから、命を守るというのは当然だとしても、それにくわえて、自分たちがどんな価値を守るのかを考え、その範囲のなかで議論を尽くしながら、最大限の努力をする、という道もあるわけです。

反対に言えば、そのちがいを知るからこそ、日本では、いつ、どこで、だれが、感染予防と経済活動とを比較し、決定に導かれたのかが僕は気になるわけです。

感染予防の視点からロックダウンを決めた段階では、新型コロナウイルス感染症対策専門家会議のなかに経済の専門家はいませんでした。おまけにそこでの議事録も「自由な討議を保障する」という名目で非公開とされました。

あるいは、いかなる科学的根拠にもとづき、どんな守るべき価値をもって、小中学校の閉鎖を決定したのか、と僕は問いました。閉鎖が安倍元首相の独断であったことを各紙が報じたとき、正直、僕はおどろきを隠せませんでした。

守るべき価値、議論、コンセンサスがなければ、当然、政策はブレてしまいます。

当初はロックダウンと学校閉鎖が実施されましたが、消費が停滞し、経済があぶなくなると、ふたたび議論も尽くさず、感染予防から経済活動へとウェイトが置きかえられました。

みなさんも覚えているはずです。感染者数が急増し、第二波が心配されているのに緊急事態宣言はなかなか出ませんでした。それどころか、逆に人びとの移動、つまり、旅行を後押しするＧｏＴｏトラベル事業がずっと続きましたよね。

この政策の迷走こそ、評価軸とコンセンサスのなさのあらわれなのです。

結果を追いもとめすぎるから、責任追及を恐れ、政策を迷走させる政治。守るべき価値を大事にして、その範囲で最善を尽くし、結果を受けいれる政治。このちがいはきちんと考えるべき問題だと僕は思っています。

自粛という言葉の恐ろしさ

以上は、ただ、政府を批判すればすむ問題でないのです。なぜなら僕自身もふくめ、受け手の側にも問われるべき責任はあるからです。

僕たちはコロナ対策のなかで積極的に「自粛」に協力しましたよね。そもそも、この「自粛」という言葉、変なんですよね。自粛って「自分からすすんで、おこないや態度をあらためて、つつしむこと」です。この言葉を使う以上、定義のうえでは、政府は僕たちに何も命令していないことになりますよね。だって「自分からすすんで」やるのが「自粛」なんですから。

でも、国は、小中学校の閉鎖であれ、ロックダウンであれ、僕たちに明らかに「要請」をしました。「要請」ですから、嫌な人は無視すればいいのですが、そうではなく、国民全体が「自粛」し、「自粛」しなければいけませんでした。

僕は、言葉の意味だけでなく、現実においても、強い違和感がありました。

まず、「自粛」の名のもと、営業し、移動する人間の自由が公然と制限されました。これは「要請」が違法かどうかという論点とは次元のちがう問題です。

たとえば、休業要請にしたがわない自営業者は名前をさらされ、メディアで、ネット上で、バッシングされました。パチンコ店に並んだお客さんは、メディアに追いかけまわされました。あげくの果てに、「自粛警察」なるものもあらわれ、「自粛」しない人たちへの監視、密告、暴露が大っぴらにおこなわれました。

みなさんは「公共の福祉」という言葉を知ってますよね。この概念には、一つひとつの権利がうまくあわず、自分の権利がだれかの権利を傷つけるときに、その矛盾を調整する役割があります。

たとえば、今回のコロナ禍では、営業する権利と健康に生きる権利とがぶつかりあいました。営業する権利を守れば、感染が拡大し、僕たちの健康が危機にさらされたわけです。

ですが、公共の福祉という言葉には、その衝突を調整することが期待されていたのであって、前者を後者のもとに「服従」させるためにあるんじゃありません。

つまりこういうことです。

営業自粛や時短営業を「要請」する、つまり営業する自由をゆるやかにであれ、国家が制約するのなら、公共の福祉にのっとってその損失を補償すべきなのです。なのに、そうじゃなくて、公共の福祉のために、営業する自由や移動する自由が制限されるのは当然だ、と考えた人が少なからず見られました。

政府だって指をくわえて見ていたわけじゃありません。２０２１年の２度目の緊急事態宣言では、休業に協力した事業者にたいして、１日６万円の補償がおこなわれることになりましたよね。

でも、今度は、新型コロナウイルス特別措置法の政令が改正され、知事が要請に応じない飲食店の店名を公表することができるようにしました。ここでもまた、要請に応じない人たちの自由は軽んじられ、社会の制裁が正当化されたのです。

僕にはこう見えるんです。まず、ロックダウンや小学校の閉鎖が感染予防に役立つのかどうかを冷静に分析したのか、という問題があります。同時に、それらの政策が国の権力の生活空間への侵入をゆるし、そのことに無自覚な人たちが、これまた無自覚に他者の権利を侵害するという問題を生んだ、と。

三密を避け続け、国民が自粛にすすんで応じたことが感染のリスクを低くしたのはそのとおりでしょう。これは感染予防という観点からは意味のあることですし、これを自賛し、「民度のちがいだ」と表現した政治家さえいました。

でも、権力の介入をあっさりと受けいれ、それを同調圧力に変えてしまう社会は、大きなあやまちをおかすかもしれません。この社会の特質は、死亡者を減らすうえでは有効に機能しましたが、別の状況では、逆の方向に機能するかもしれません。つまり、コロナで「吉」と出た「民度」が、ちがう文脈では「凶」と出るかもしれないのです。

惰民になるな！

みなさんも薄々気づいているかもしれません。これは全体主義の問題です。個人の価値が全体の価値に支配されるとき、それを全体主義と呼ばなければなんと呼ぶのでしょう。さまざまなコロナ体験のなかで、正面から向きあうべきは、「権利よりも義務を優先する社会」がどのように生まれたのか、それをどのように変えていくべきなのかを考えることじゃないか、僕はそう考えています。

時計の針をいまから１５０年近く前に戻してみましょう。

１８７４年、明治政府は、「恤救（じゅっきゅう）規則」と呼ばれる法律を制定しました。いまでいう生活保護のはしりのようなしくみです。

そこには、まずしい人たちを助ける方法が書かれていました。ただし、政府に救済の義務はなく、地域の人たちの助けあいが最優先で、政府は、それがうまくいかないときに、しかたなく、慈善で助けてあげる、というのが原則でした。

この「地域の助けあい原則」のもと、政府は、極貧の老人、障がい者、病人、若年児童など、おもに独身で、ほったらかしにしておくと命があぶなくなるような人たちにしぼって、一定の米（のちにはお金）をわたすことにしました。

命を守る義務は政府になく、人びとにも保護を受ける権利などない、このような方針が出されたのは、勤勉な労働や、自己責任、自助努力を重視する社会的な価値観があったからです。これを「通俗道徳」と呼んでおきましょう。

「恤救規則」をめぐる議論のなかで繰りかえし使われた言葉があるんです。

「惰民（だみん）」、つまり、「怠惰な民」という言葉です。

大久保利通は、「惰民の助長」や「濫救（らんきゅう）の弊（必要のない人まで救う弊害）」を恐れて、恤救規則の公布の取り消しをもとめました。内務官僚の井上友一も、知事らにこの規則を説明したとき、濫救の結果、惰民を増やす恐れがあることを心配する人がとても多かった、と振りかえっています。

いまから１５０年近く前の話ですが、なんだかよく聞く話ですよね。生活保護を手厚くすると、働けるくせに嘘をついて、不正に受給する人が増える、働きもせずに金をもらうと人間はダメになる……みなさんも聞き覚えがあるでしょう。

「惰民」という発想の起源について、歴史家の安丸良夫は、「道徳的な優者が経済的社会的優者でもある、という表象がつくられた」ことの重要性を説いています。

お金や幸せを手にできた人間は、勤勉に働き、自己責任で生きていくという道徳的な義務を果たしたからだ、と人びとは信じていました。だから、経済的に失敗した人、まずしい人は、これらの義務を果たしもしなかった、道徳的な失敗者だと考えられてしまう、こういうことです。

あえて言いましょう。まわりから救済される人間は、気の毒な人間ではなく、怠惰な民だとみなされる、それが日本社会なんだ、ということです。

１９９８年に自殺者が急増した話を、もう一度、思いだしてください。いくら勤労しても家族を養えなくなった、通俗道徳を実践できなかった男性労働者は、怠惰な民とみなされることを恐れて、命を断ったのです。

日本弁護士連合会の調査によると、生活保護を使う権利のある人たちのうち、スウェーデンでは8割、フランスでは9割がこれを利用するのに、日本では2割未満の人しか制度を使おうとはしません。助けられること＝惰民というイメージがここにはあきらかにしみついています。

僕たちの社会では、「道徳を実践するよき民」と対置されたのは、「道徳を実践しない悪しき惰民」だったのです。

勤労は「義務をこえた栄誉」である！

こうした価値観は戦前に一瞬、変わりかけるんです。大正デモクラシー期です。このころ、まずしい人の命を国が守る義務がさかんに語られていましたが、結局ここでも、生きていく権利が保障されることはありませんでした。

むしろ、議論の中心になったのは、国民が助けてもらうために必要な条件、つまり、個人が社会や国家に果たすべき責任や義務でした。

社会学者の冨江直子さんは、この時期に「社会連帯」という表現が政府によって広く使われていたことをあきらかにしました。この言葉を聞いて、「リベラル」な香りを感じとる人もいそうです。でも、この言葉を考案したのは、支配機構のどまんなか、内務省の社会局にいた田子一民という官僚でした。

彼は、社会をひとつの「有機体」だと考えました。有機体ってなんでしょう。それは、個人の集まりとしてではなく、それぞれが緊密なつながりをもってつくられる、統一体として社会を見る見かたです。まずしい人たちの命にたいして、一人ひとりには「連帯責任」がある、田子はこう説いたのでした。

これは、現代の社会連帯という言葉のニュアンスとだいぶちがっていて、個人と国の「おたがいの責任」を強調するものでした。

当時の議論を見てみますと、「弱者もまた弱者としての最善の義務責任を果たさなければならない」ことが強調され、「社会に対する各人の責任義務」「生存は権利ではなく義務」であることが繰りかえし議会などで述べられていました。

国が個人の命を保障する、一見、当たり前に見えるこの考えかたですが、当時の政府はこの問題をたくみに避けていました。みんなが密接にかかわりあう社会像をしめすことで、国家と個人をわけられないものとして語りました。一人ひとりの権利を語るのではなく、国民の果たすべき義務、あるべき国民像とセットにして、命を守る国の果たすべき義務が描かれていたのです。

勤労し、自己責任と自助努力で生きていく、それを人びとの絆が支えることで、すべての国民が果たすべき義務を果たす、国民側が義務を果たしてはじめて、国のほうも義務を果たしてあげる――このような「国」と「民」の一体的な関係が全面的に広がったのが、日中戦争期でした。

国は総力をあげて戦争をおこなうのですから、一人ひとりの自由な活動をみとめる余裕はありません。国のなかにある人的、物的な資源をすべて戦争に集中していかなければなりませんから、それは当然のことですよね。

この目的のためには、勤労にはげみ、自己責任と自助努力を果たす、道徳的な生きかたを、戦争の遂行と生産力の向上のためにも動員しなければいけません。

そんな文脈のなかで登場したのが、「皇国勤労観」です。

１９４０年11月に閣議決定された「勤労新体制確立要綱」を見てみましょう。少しむつかしく、長いのですが、全体主義の時代とはどんな時代なのかを感じることのできる、興味深く、そして寒気のするような文です。

「勤労は皇国民の奉仕活動として其の国家性、人格性、生産性を一体的に高度に具現すべきものとす、従って勤労は皇国に対する皇国民の責任たると共に栄誉たるべき事、各自の職分に於て其の能率を最高度に発揮すべきこと、秩序に従ひ服従を重んじ協同して産業の全体的効率を発揚すべきこと、全人格の発露として創意的自発的たるべきことを基調として勤労精神を確立す」

なんかものすごくないですか？

ここでは、勤労は、国民の責任であり、その責任を果たすことは、義務をこえて栄誉なんだ、と言われています。おまけに、秩序にしたがうこと、服従を重んじて経済の効率性を高めるべきことが高らかにうたわれていますよね。

しかもそれらは強制ではなく、創意的で、自発的におこなわれねばならないものだというのです。こうなるともはや、国民の権利など、論外でしかありません。

この歴史的な体験はとても大事です。僕たちは、勤勉に働く民の姿、果たすべき責任をよろこんで果たす民の姿を、「あるべき国民像」として教えこまれてきた経験をもっていたのです。

働きかたまで指図する国

それって戦争中の話じゃん、そう思う人もいるかもしれません。

でも、この「あるべき国民像」をたんなる押しつけと見るのはまちがいです。国民が「よき民」の姿として理解していたからこそ、戦争中のこういう「極点」にたどりつけるのです。一方的に押しつけられた、では説明がつきません。

実際、勤勉に働くこと、自己責任や自助努力をまっとうすること、これらの通俗道徳観は、戦後の日本国憲法のなかにもしっかりとあらわれています。

みなさんもご存じのように、憲法の25条には、健康で文化的な最低限度の生活を営む権利が書かれていますよね。いわゆる生存権です。

くわえて、27条には、勤労の権利と同時に義務が書かれています。「労働」じゃなく、「勤労」が義務であるという規定を憲法にもつ国、言いかえれば、働くことそのものではなく、勤勉に働くという「働きかた」まで憲法が指図している国は、僕の知るかぎり、韓国をのぞいて先進国では例を見ません。

この「勤労の義務」をめぐる議論はとてもおもしろいものでした。

この条文を提案した河村又介は、勤労は国家のために働くということではないとしたうえで、「働かざるものは食うべからず式の考えであり、従って働きたる者は生存権を保障せられねばならぬという考えである」と述べました。

生存権は基本的人権です。基本的人権とは、普遍的な権利です。その人間の生き死ににかかわる重要な権利の規定さえ、「勤労の義務」が前提にくるわけです。

同じく、戦後の憲法制定過程にくわわった学者に宮沢俊義という人がいます。彼は、生活保護の解釈にかんして、その後に書いた憲法の教科書のなかで次のように述べています。

「『その利用し得る資産、能力その他のあらゆるものを、その最低限度の生活の維持のために活用する』ことを怠る」ような、「『勤労の義務』を果たさない者」には、「国は、生存権を保障する責任はない」、と。

もう一度確認します。生存権とは基本的人権です。基本的人権にあってなお、まずは義務の遂行がもとめられるのです。まさに「権利の前には義務がある」という戦前から続く発想は、日本に固有のかたちで戦後にも連続しているのです。

このような歴史をふまえると、ピンとくることがあるんです。菅義偉さんが首相になられる際に、「自助・共助・公助、そして絆が大事だ」とおっしゃいましたよね。このさり気ない一言のなかにこそ、戦前以来の価値、通俗道徳を大事にしたいという保守的な思想が、あますところなくにじみ出ていたのです。

過去の記憶なのでしょうか？

さあ、現代に戻って、考えてみましょう。

僕たちは、「社会的に連帯」してコロナに立ちむかいました。でも、「自粛」は、僕たちが果たすべき「国民の義務」として語られなかったでしょうか。個人の権利より社会への義務が優先され、これにしたがわないと、まるで非国民と言わんばかりのあつかいを受けなかったでしょうか。もしそうなら、戦前の「社会連帯」や戦時期の「皇国勤労観」とどこがちがうのでしょうか。

思いだしてください。「社会連帯」が語られてから10年ほどが過ぎた時代のことを。そうです。大正デモクラシーが語られた時代から、わずか10年あまりで全体主義の時代がやってきたのです。

国民の果たすべき責任・義務は全面化しました。自由は破壊され、個人の価値は全体が重んじる価値へと吸収され、反論する権利は完全に否定されました。

これは「過去の記憶」なのでしょうか。

僕にはそうは思えません。

全体主義を経験した国にはいくつかの特徴があるんです。

まず、これらの国では、世界大恐慌が中間層の暮らしを直撃し、人びとはまずしさへの「転落の恐怖」におびえきっていました。失業者や若者、あるいは退役軍人など、多くの人たちが社会的な居場所をなくしていました。

それなのに、不安におびえる国民をよそに、政治家や官僚は、自分たちの利益のために政争を繰りかえし、国民の政治不信は頂点に達しつつありました。

政府が助けてくれないのであれば、人びとは自分たちの暮らしを自分たちで守るしかありません。国が弱りゆくなか、ボランティア組織や協同組合のような「中間団体」が次々と生まれ、それへの人びとの依存は日増しに強まっていきました。

ドイツのナチスであれ、イタリアの国家ファシスト党であれ、政党ではありませんが日本政府であれ、全体主義が可能だったのは、こうした中間団体を権力の側が取りこむことで、大勢の人たちを組織的に動員できたからでした。

こうした運動にくわわった人たち、それは、「頼る先」をなくし、それまでの政府に絶望した人たちだったのです。

この問題を頭の片隅に置いて、いまの僕たちの社会を見てください。

すでに確認したように、勤労者世帯の暮らしは劣化を続けています。図4—1を見てください。世帯収入400万円の前後で、それ以下の人たちはハッキリと増え、それ以上の人たちはまたあきらかに減っているのがわかります。

第1章で、世帯収入が300万円未満の人たちが全体の3割を占めている、と言いましたよね。400万円未満で見てみますと全体の5割弱を占めます。この3割、

図4―1　所得の分布状況

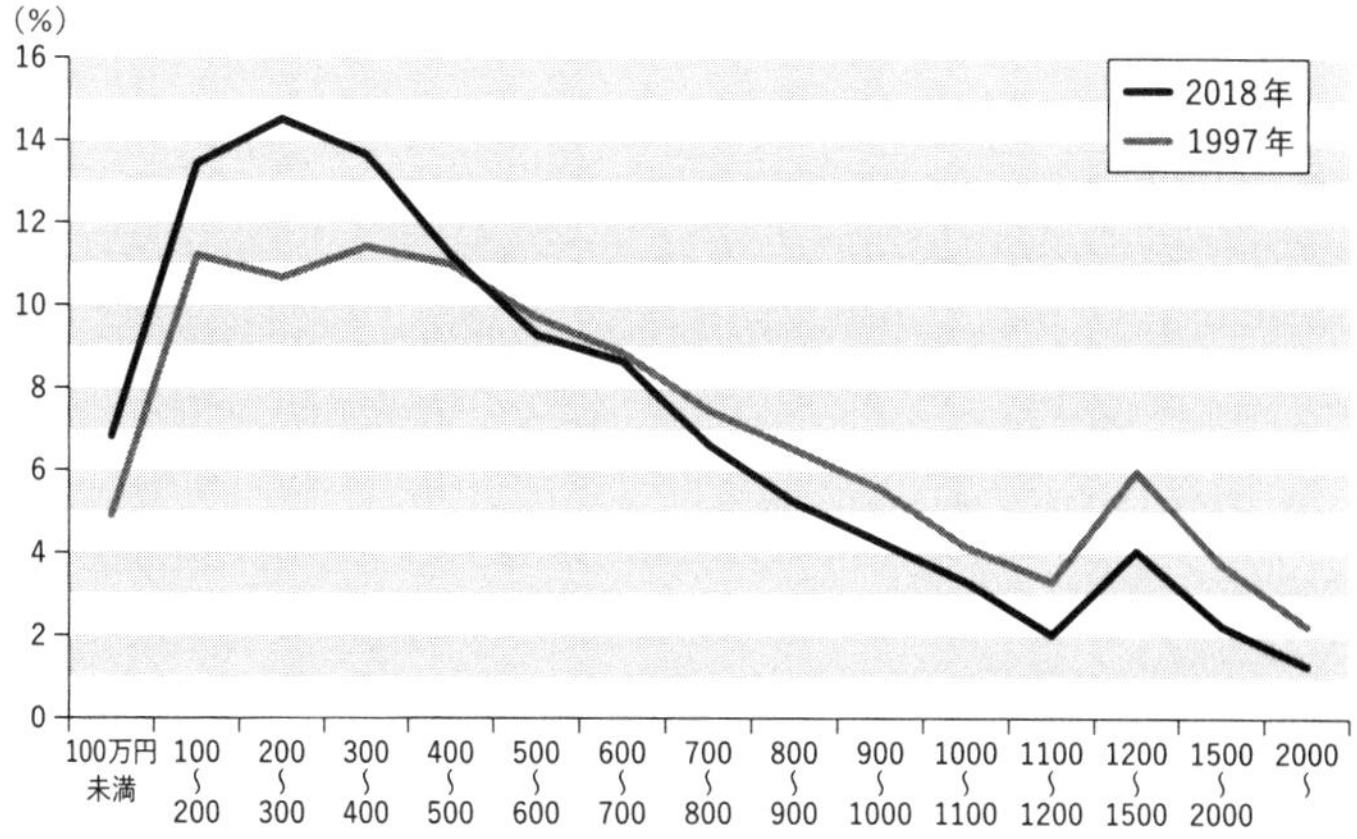

出所：国民生活基礎調査より作成

5割という数字は、平成元年度の割合とほぼ同じなんです。平成の30年間をつうじて、結局、社会全体としては、もとの所得水準に戻ってしまったのです。

みなさんは、金融庁の報告書問題を覚えてますか？　そう、老後資金として2000万円の蓄えが必要だ、と指摘し、問題となったレポートです。

大きな反響・反発を呼びました。そして、政府はこの報告書を受けとらず、結果的に報告書そのものが撤回されてしまいましたよね。

この状況は、あまりにもおかしくないでしょうか？

金融広報中央委員会という団体がおこなったアンケート調査があります。そのなかで、老後の生活資金として準備しておくべき金融資産はいくらぐらいかを聞いています。平均値は、2人以上世帯では2160万円、単身世帯では1898万円でした。足して2で割ればほぼほぼ2000万円です。

つまり、金融庁の報告書が訴えていたことは、国民の平均的な予想額と一致していたわけです。その「ふつう」の報告書を前に、政府は対策を講じるのではなく、受けとりを拒否して事実をなかったことにしてしまいました。

こうした態度は、先に見た、民主的なプロセスを大事にしなかったコロナ対策とまったく同じだと僕は思います。少なくともスウェーデンでは、絶対に考えられない対応です。

桜を見る会や森友学園、統計不正、障がい者雇用の水増し、接待問題など、さまざまな問題が起きています。そして、起きた問題にたいして国民にきちんと説明しようとしない、この限りにおいて政府の態度は一貫しているのです。

全体主義の条件を満たしつつある日本

他方で、左派野党もまた、政治不信に拍車をかけています。

僕が民進党のお手伝いをしていたとき、「離党ドミノ」という言葉が毎日のようにメディアで飛びかっていました。その後も、僕にも責任の一端がある希望の党への合流問題、さらには立憲民主党と国民民主党の合流さわぎとその失敗、離合集散を繰りかえす様子は多くの国民をガッカリさせています。

野党共闘もまた、ふつうの国民目線で見れば、わかりにくい主張です。共闘の目的が選挙に勝つことなのはだれの目にもあきらかです。でも、中立的な立場から見れば、与党はまちがっているから、自分たちが勝つことが正義なのだ、と言ったところで、この主張をどのくらいの国民が受けいれてくれるのでしょうか。

おまけに、旧民進党系の人たちのなかには、消費税に反対の立場をとる共産党や社民党、そしてれいわ新選組に対抗馬を立てられたくない、その一心で政策的な妥協を受けいれている人が少なからずいます。気持ちはわかるのですが、社会にとって必要なことを考える姿勢とは真逆の態度と言わざるを得ません。

こうした政治家の不誠実さは、言いかえれば、人びとの命や暮らしを守ることよりも、自分かわいさが優先されている、ということですよね。これと表裏をなすように、次々と自分たちの生活を守るための中間団体が生まれています。

子ども食堂を見てください。子どもの命を守るのは、政府ではなく、善意ある人たちがつくった団体になろうとしています。あるいは、障がい者の自立支援や介護の現場を見てください。そこで活躍するのは認可法人やＮＰＯなどの非営利組織の人たちです。

これらの活動は、僕たちの生活に欠かせないものになりつつあります。その役割の大切さを最大限に認めたうえで、これが政府の責任転嫁の裏がえしだとすれば、こうした中間団体への依存は、さらに政治不信を強め、社会全体を組織化するための手段となる危険性を高めていくでしょう。

そうです。コロナ禍で観察された、日本のあやうさを象徴するできごとは、社会の足元が揺らぐなかで起きていたのです。権利よりも義務や責任が優先され、全体の価値に服しない人たちには、有形無形の圧力がくわえられる社会。

コロナの死亡者数を抑えこんだ「民度」は、「いつかきた道」に戻るための原動力になるのかもしれません。

義務を果たせるようにするために権利を保障する

いま僕は、哲学者イアン・ゴフの印象的な言葉を思いだしています。

ゴフは、「『べし』は『できる』を含意している」と言いました。

抽象的な言葉ですよね。少しかみくだいて説明しましょう。

僕たちは、できっこないこと、実行不可能だとわかっていることをだれかに押しつけるとすれば、それを「不当」なことだと考えますよね。であれば、ある人が果たすべき義務を負う、というとき、それは、義務を果たすことが可能であることを前提にしないといけません。

できもしないことを「義務だ！」と言って、他人に押しつけるとすれば、それは「不当」だ――この視点を僕はみなさんと共有したいと思います。

そのうえで、みなさんにたずねたいことがあります。

では、義務をともなわない権利だけを語ることは「正当」なのでしょうか。

ゴフの指摘を続けましょう。

僕たちは市民の権利を語ります。でも、その権利が、その集団のなかで果たされるべき責任や義務からまったく切りはなされてしまうなら、倫理的には正しくても、実践的には空虚なものにならないでしょうか。たがいが義務を無視して、権利だけを主張しあえば、その集団は空中分解してしまわないでしょうか。

反対に、もしその責任を果たすために必要な手段があたえられていないのに、個人や集団に義務だけが課されるとすれば、どうでしょう。できないことを求めている時点で、まったく実践的に意味のないことになるでしょう。

社会的な市民の権利は、倫理と実践の両方に支えられています。責任や義務を語らず、権利だけを求めるのは、仮に正しくても、現実的ではないのです。

僕は、勤労や自己責任、自助努力、これらの言葉が大嫌いです。でも、むつかしいのは、これらに示される責任や義務の一つひとつが、僕たちの社会にあっては、消しさりがたい、固有の価値をもっていることです。

もちろん、これらの価値をあやまって使ってしまえば、社会は破滅の危機におちいることを僕たちは知っています。ようするに、問われているのは、責任や義務の・・・・・・まっとうな居場所なのです。

僕は、だれもが人間らしく生きられる条件、権利を考え、そのうえでみなが責任や義務を果たせる社会をめざすべきだ、そう考えています。もちろんそのプロセスは民主主義の原理、対話の原理によって支配されなければなりません。

第3章では、道義的な責任を果たすことが「承認された」という確信をもつために大事だと主張しましたよね。あわせて民主主義的な意思決定の重要性も繰りかえし強調しました。

「ベーシックサービス」と「品位ある命の保障」をつうじて人びとが人間らしく生き、暮らしていく権利を満たせるようにする。そして、それを土台として、すべての人たちが納税や勤労という国民の義務を果たせるような社会をめざす。

これが僕の議論の根幹にある考えかたなのです。

ベーシックサービスがなぜ重要なのか

あらためて、コロナ禍の日本の社会問題について、考えてみましょう。

営業する自由、移動する自由を犠牲にしてでも、国民としての義務を果たすべきだというのなら、そうした義務を果たせるようにするため、事業主であれ、フリーランスもふくめた労働者であれ、経済的な補償をおこなうのは当然のことです。

自粛するのが国民の義務だと感じるのなら、子どもが家にいることで仕事にいけなかった人たちの暮らしをどうやって支えるのか、あるいはきわめてむつかしい問題ですが、パチンコ屋さんにいけずに無収入になる人たちの暮らしをどうするのか、正面から議論がされてしかるべきではないでしょうか。

つまり、国民が責任や義務を果たせるようになる条件を、僕たちが積極的に満たそうとしてるのか、ということです。勤労や自己責任、自助努力が大切なら、それらが可能になるための条件を用意することこそが筋だと僕は言いたいのです。

こうした発想に立てば、僕がベーシックインカムではなく、ベーシックサービスを提案した理由もわかってもらえるかもしれません。

お金を渡しきりにして、働かなくてもよい社会をめざすのはひとつの考えかたです。でも、日本の歴史や僕たちの重んじてきた価値を大事にし、それを守っていくこうとするのであれば、だれもが安心して働くことのできる社会をめざし、その条件を堂々と正面から論じるべきではないでしょうか。

だから僕は、第1章で「守るために変える」ことの大事さを訴えたのです。

こうした僕のまなざしからは、別の重要な問題が生まれます。それは、以上の権利と責任・義務の関係、だれもが働くことを楽しめる社会という視点のなかには、当然、外国からきた人たちもふくまれなければならない、ということです。

第二次安倍政権では、外国からの労働者がハイペースで増えましたよね。日本の経済にとって外国人の受けいれが避けられないのなら、そうした人たちが日本社会の義務を果たせるような手段を提供するのは当然じゃないでしょうか。

僕がこれまでの章のなかで消費税を軸とすべきだと訴えた理由、それは、まずしい人たちにくわえて、外国人も納税者となることで、さまざまなサービスの受給権を手にできるようにするためでした。彼らだってスーパーで物を買います。ですから、僕たちと同様、サービスの利用者になるのは当たり前のことなのです。

僕の主張は、いわゆる左でも右でもない別の場所にあります。左なら義務を、右なら権利を、それぞれが軽んじるでしょう。そしてだからこそ、両方からきびしく批判されてしまいます。でも、僕は、自由に発言したい。既存の思想に自分をあわせるくらいなら、沈黙を選びます。

歴史の分岐点だからこそ思うこと

新型コロナウイルスは日本社会の問題を目に見えるようにしたと言いました。これらの問題を根本から解決していくためには、いまある道のどれかを選ぶのではなく、新しい道を切りひらく、そんな強い気持ちが必要ではないでしょうか。

先に見た金融広報中央委員会の調査では、2人以上世帯では78％、単身世帯では83・5％の回答者が老後は不安だ、心配だと答えていました。そのような不安に満ちた社会をどのように変えていくのかが、いま、まさに問われているのです。

僕の学者デビューは、高橋是清の経済政策でした。高橋は、通貨制度を変え、国債を日銀に引き受けてもらうことで、大胆な財政出動をおこないました。日本経済はみごとに復活しました。でも、二・二六事件の凶弾にたおれ、彼の財政運営方式は、戦時財政を支える道具となってしまいました。

長幸男さんという思想家がいました。彼は、なぜ高橋のもとにリベラルな勢力が結集し、軍国主義を防げなかったのかを問いました。僕は答えを探しましたが、ふと気づくと、あっという間に、25年という年月がたっていました。

僕なりに考えてきた25年でしたが、いままさに、長さんの立てたものと同じ問いへの答えが求められているような気がするんです。

右傾化、保守化の危険性があちこちでさけばれています。僕自身、この章のなかで全体主義化の可能性について述べました。

全体主義を語ると、右派から「あいつは左翼だ」と怒られます。たしかに、僕は右派的な、改憲論者ではありません。でも、「9条を守ろう」というメッセージだけでは、いつ日本が「いつかきた道」に戻ってもおかしくないと思っています。

なぜなら、人びとが生活不安におびえきってしまえば、9条の有無にかかわらず、何かのきっかけで日本が全体主義化しかねないと思うからです。

人口減少が加速し、かつてのような経済成長が望めないなか、中間層の生活不安をどう解消するのか、この問いへの具体的な答えが求められています。いまある右や左の思想をこえた、あたらしいアプローチが必要なのです。

個人の権利をみとめ、自由を保障するなかで、一人ひとりが責任と義務を果たせる社会、自立した人びとが連帯し、自分の幸せとみんなの幸せを調和させる社会、そんな社会はどうすれば実現できるのか、暮らしのなかで、家族や友人と真剣に考えるときがきています。

人口減少、高齢化、経済の長期停滞、まさに「縮減の世紀」がはじまりました。望ましい社会を語りあうのは、いまです。いまなら間にあいます。

これは、知的遊戯ではありません。僕たちの自由を守るための「静かな闘い」です。僕たちが、自分たち自身の手であたらしい社会をつくるための、だれにでもできる「目に見えない闘い」なのです。

第5章

ベーシックサービス、その先へ

残された宿題

さあ、いよいよ最後の章です。

僕なりに来るべき日本社会の姿を描いてきたのですが、最後まで先送りになっていた問題があります。第2章で指摘した、権利を保障するためにサービスを給付すれば、それだけで本当に人間は幸せになれるのか、という問題です。

社会を変えるためには、政治を動かさないといけません。では、選挙権をあたえれば、政治は自然とよりよい方向に変わっていくでしょうか。

そんなことはありませんよね。そのためには教育の質を高め、自分で考え、判断し、選ぶための能力を育てなければなりません。僕が、社会を語ろう、社会の変えかたを考えようとみなさんに訴え、その具体的な提案をしてきたことじたい、選挙権という権利保障の「先」にある問題を考えていることのあらわれです。

じゃあ、たとえば大学を無償化すれば、こうした能力がきたえられるでしょうか。

ここでも問題に突きあたります。

みなさんは「文化資本」という言葉を聞いたことがありますか？　社会学者ピエール・ブルデューのつくった言葉です。お金、つまり経済的な資本ではなくて、学歴や文化的な素養といった人的な資本のことをさしています。

文化資本の低い家庭があり、親は教育を軽んじて、「大学なんてなんの意味もない、社会に出てもどうせ役に立たない」と子どもに語っていたとしましょう。

大学の無意味さを聞かされ続けた子どもが、大学がタダになったからといって、進学への道を選ぶでしょうか。おそらく選ばないですよね。これこそが、権利保障の意味を無効にしてしまう、「文化資本格差」の問題です。

これらは、理論的には、経済学者アマルティア・センが示した問題です。

人間にさまざまなサービスを提供したとします。それらのサービスから生じるメリットを組みあわせて、自分自身の目的や目標を達成する自由や能力をその人がもっているかどうか、ここが問題になるわけです。

これから説明するように、サービスを無償化していけば、まずしくてそれらのサービスを受けられなかった人たちの暮らしの質はまちがいなく高まります。でも、人間が幸せをつかむためには、その「先」の問題があることもまた、事実なのです。

自由の条件

じつを言いますと、この問題は、古くてあたらしい問題なんです。

哲学者ハンナ・アーレントは、1958年と1961年にそれぞれ公刊された『人間の条件』と『過去と未来の間』という著作のなかで、次のように述べています。少し長くなりますが、とても重要な指摘なので引用しておきましょう。なお、傍点は僕がつけたものです。

「栄養を与える男の労働と生を与える女の労働とは、生命が同じように必要とするものであった。したがって、家族という自然共同体は必要［必然］から生まれたものであり、その中で行なわれるすべての行動は、必然［必要］によって支配される（中略）逆にいえば、貧困あるいは不健康であることは、肉体的必然に従属することを意味し、これに加えて、奴隷であることは、人工の暴力に従属することを意味した」

「自由であるためには、人は、生命の必要から自ら自身を解放していなければならない。しかし、自由であるという状態は解放の作用から自動的に帰結するものではない。自由は、たんなる解放に加えて、同じ状態にいる他者と共にあることを必要とし、さらに、他者と出会うための共通の公的空間、いいかえれば、自由人誰もが言葉と行ないによって立ち現われうる政治的に組織された世界を必要とした」

言わんとしているのは、こういうことです。

男と女が働くのは、生きるために「必要」だからであり、家族もまた、この「必要」を満たすために生まれた。まずしさが問題なのは、肉体的な「必要」に人間が支配されてしまう点にある。だから、人間が自由でいるためには、この生きるための「必要」から解放されなければならない……。

僕が、「ライフセキュリティの社会」のなかで、「ベーシックサービス」と「品位ある命の保障」を柱にすえたのはこの問題意識からでした。

必要が家族をつくり、必要を満たすことが人間を自由へと導くという僕の議論のモチーフは、まさにここにあります。

ちょっとだけ考えてみてください。長時間労働やサービス残業など、ふつうに考えれば非人間的で、受けいれられるはずもないような状況に、なぜ人間は屈してしまうのでしょうか。それは、生きるための必要から解放されていないからです。

生きるためには食料や衣類や住居、医療や介護が必要です。それらを手にするためには、いつの時代であれ、汗をかかなければなりませんでした。でなければ、死ぬしかないかもしれません。この必要こそが、人間を奴隷のような状況に追いこんできた、という悲しい歴史があるわけです。

だから僕は、ライフセキュリティをつうじて、生きていく、暮らしていくための必要、ニーズから人間を解き放ちたかったのです。それこそが、人間が自由に生きるうえで欠くことのできない条件だ、と考えたのです。

しかし、アーレントはこのなかでもうひとつ、大切なことを言っています。それは、「生きるための必要から人間が解放されたとしても、そのことがそのまま人間の自由を生み出すわけではない」、ということです。

人間が自由になるためには、また別の条件がいるとアーレントは言っています。それは、「同じ状態にある他者とともにあり、その他者と出会うための公共空間が存在していること」です。

「ベーシックサービス」と「品位ある命の保障」、このふたつによって、僕たちは、生きる、暮らすための必要から解放されます。自由の条件のひとつを手にすることができます。でも、それだけでは、人間の自由は確保されません。

このアーレントの問いかけは、ずっと僕の心のなかに引っかかり続けていました。

母と叔母の不可解な行動

第1章で僕の生い立ちについてあれこれ触れました。正直、照れくさく、恥ずかしい気持ちはありました。でも、僕がなぜ人間の自由について考えようと思ったのか、その理由を伝えるためには大事なプロセスだったと思っています。

最後の章では、僕があらためて自由の条件を考えるきっかけとなったできごとをお話ししながら、僕の思想的な居場所を示してみようと思います。

僕は、大学院時代のことをあまり覚えていません。

というのも、母と叔母の借金がいよいよ深刻になり、その返済のために心身ともに余裕のある生活ができなかったからです。アルバイトをしてお金をかせぎ、時間があれば酒びたりになる、そんな荒んだ毎日を送っていました。

ただ、僕の貯めたお金にくわえ、父のちがう姉の協力もあって、結果的に借金は完済できました。さらに姉夫婦は、家を建てて母と叔母を引きとり、僕もまた20年以上にわたって毎月欠かさずふたりに仕送りを続けました。

正直に言いますと、こんな親孝行な子どもたちはいないと思っていました。母は脳が小さくなる病におかされ、叔母にも認知症の症状がでていました。ですが、お金の心配をすることなく、姉夫婦と一緒にいられるのですから、ひとまずは安心だと思っていました。

だけど、ふたりには、どうしても理解できない不可解な行動があったんです。

母は昔からコーヒーが大好きだったのですが、一杯４００円のコーヒーを飲むために、往復３０００円かけてタクシーで喫茶店に通っていました。べつにものすごいコーヒーが飲めるわけではありません。どこにでもあるごくふつうの喫茶店でしたが、タクシーでわざわざそこまで通っていたのです。

叔母は、と言いますと、午前中に自転車で出かけていき、そのまま夕方まで家に戻ってこない日が月に何度もあるという状態でした。80歳になろうかというのに自転車で遠出し、そのまま帰ってこないのです。

これらは、いずれも病におかされるずっと前から続いていた話で、僕としては心配でしかたありませんでした。

仕送りのお金をどう使おうと母の自由です。叔母も、体がもつのなら、多少遠出をしても、「元気な証拠」と笑ってすませるべきだったかもしれません。

でも、タクシーでコーヒーを飲みにいくのは、やっぱりやりすぎな気がしますし、自転車が事故に巻きこまれてからでは遅いですよね。

僕は何度もふたりにお説教しました。でも、ふたりの行動は変わりませんでした。

愛する人を亡くす悲しみ そして気づき

悲しい知らせは突然やってきました。

２０１９年5月、僕たち家族はアメリカのサンタバーバラに長期滞在していました。夜、自室で仕事をしていた僕のところに連れあいが飛びこんできて、真っ青な顔でさけぶように言いました。

「英策さん！　お母さまと叔母さまが火事にあわれたって！」

言葉を失いました。叔母は即死でした。母は何度か意識を取り戻しましたが、次の日に叔母を追いかけるように亡くなりました。

母は、病気のせいで、聞こえにくい、話しにくい、歩きにくいという状況でした。叔母のほうは、認知症の症状はありましたが、体はとても元気でしたから、自分だけ逃げようと思えば、逃げられたはずでした。

しかし、最期まで叔母は母を助けようとしました。

火元から数メートル離れたところでふたりは力尽きていました。母は、叔母に引きずられ、生涯の戦場だったキッチンにもたれかかるようにして意識を失っていました。叔母は、そのすぐそばで、仰向けになって絶命していたそうです。

この悲しい事件が起きてからしばらく、昔の思いでを一つひとつすくいあげるように、ふたりの命の意味について考えるようになりました。

最後まで母の命を助けようとした叔母。その行動は美談であり、家族の一員である僕にとっても十分に誇らしい最期でした。でも同時に、僕は、運命をともにしなければならなかった叔母の気持ち、生きかたを考えざるを得ませんでした。

悩みの森をさまようような毎日でしたが、ある友人との会話がふたりの「不可解な行動」の意味に気づかせてくれました。

姉夫婦は、毎日のように借金取りに押しかけられる母と叔母を不憫に思い、ふたりが住んでいたところから何キロもはなれた田舎町に家を建てました。ただ、当たり前と言えばそれまでですが、借金とりはゆるしてくれません。彼らはあたらしい引っ越し先にまで取りたてにきました。

十何件という闇金融の取りたてが毎日やってきたのです。どなり声を聞かされていたご近所さんは気が気でなかったはずです。それ以来、母と叔母は、一切、近所の人たちとの付きあいをもてずにいました。

僕には、姉夫婦の同居は、「親孝行」に見えていました。でも、決して口にはしなかったものの、ふたりからすれば、生活の場を子どもたちに変えられたうえ、地域社会のなかで「孤立」していたのでした。

やっと、僕は、遠くはなれた街にタクシーで、自転車で、友に会うためだけに出かけていたふたりの気持ちに気づきました。

それだけじゃありません。母が耳が遠くなれば、叔母は話し相手をなくします。だから叔母に認知症の症状があらわれ、急速にすすんでいったのです。

ふたりは「ふたりぼっち」だったんです。叔母の死は美談でもなんでもありません。84年の人生の大部分をともに生きてきた、運命共同体であった母との別れなど想像もできなかったはずです。彼女には「ひとりで生き残る」という選択肢など、はじめからなかったのです。

借金を返してあげたおかげで、暮らしはすっかりおだやかになりました。でも本当は、ふたりは孤立と孤独の恐怖におびえながら生きていたのでした。

それは悲劇なのか社会問題なのか

どうでしょうか。この悲しい物語が胸からはなれないからこそ、アーレントが指摘した「自由の条件」の意味がはげしく僕の心を揺さぶるのです。

まず、ふたりの死は、「ベーシックサービス」と「品位ある命の保障」のふたつの政策が、まちがいなく価値をもつことを僕に教えてくれました。

母と叔母にとって、最大の不幸は、炎がふたりをおそったとき、姉夫婦が家にいなかったことでした。姉は定年をむかえたのですが、子どもがおらず、老後の暮らしが不安だったことから、その後も非正規雇用で働きに出ていました。

みなさんに考えてもらいたいことがあります。この悲劇は、火の不始末を起こすような人間を放っておいた僕たちへの罰なのでしょうか。それとも、火の不始末をまねくにちがいない状況が社会によってつくられていたのでしょうか。

姉夫婦が日中働きに出てますと、一日の大半は、母と叔母、ふたりきりになります。今回、そんな状況のなかで、火の不始末が起き、悲劇が生まれました。

僕は、神奈川県の小田原市に住んでいます。そもそもそれがまちがいで、仕事など放っぽりだして、ふたりの住む街で同居すべきだったのかもしれません。あるいは、姉も極貧に甘んじてでも、母と叔母のそばにいるべきだったのかもしれません。

そんな選択をしなかった僕たちへの罰なのだから、母と叔母の死はしかたのないこと、自己責任だ、そう言われるのなら、批判は甘んじて受けます。

でも、もし同じ悲劇が別のだれかに起きたとするなら、僕自身の生きかた、人間観にのっとって、絶対にそんな批判はしないでしょう。できないでしょう。

近年、高齢者の働く割合が高まっていますよね。働きたくて働くぶんにはなんの問題もありません。それはその人の自由です。でも、日経ビジネスのアンケート調査を見てみると、働く理由の一位は、現在の生活資金、二位は将来の生活資金になっています。

しかも、それを見透かすように企業はコストをカットし、回答者の五割以上は給与がさがったと答えています。つまり、歳をとっても、給料をさげられても、将来への不安から仕事を続けなきゃならない人たちが大勢いるということです。

姉が働いた理由もまったく同じでした。僕はそう思いませんが、仮に姉に母や叔母の面倒を見る責任があったとしても、その責任を果たせる条件がまったく存在していなかったのです。

僕は、「社会問題」のあらわれとしてこの悲劇はあったと考えています。責任を回避したいのではありません。みなさんに伝えたいのです。これは稀に見る不幸ではありません。いつでもどこでも起こりうる、この社会の「ありふれた悲劇」なんです。どうかこのことを忘れないでください。

人間が人間らしく生きられる社会

だからこそ、僕はベーシックサービスの正しさを確信しているのです。そして、悲劇がありふれる、みっともない社会を終わらせたい、そう心から思うのです。

もし、老後の医療や介護の心配をしなくていい社会ができていたとしたらどうでしょう。少なくとも姉は働きにいかなかったでしょう。そして、火事が起きたとすれば、その異変に気づき、ふたりを助けることができたにちがいありません。

老後だけではなく、一生をつうじて不安のない社会をつくるべきです。そうすれば、不安に奪われる途方もないエネルギーを、僕たちは、子どものため、社会のため、そして自分のために費やすことができるようになります。

でも、ベーシックサービスには、もっと本質的な意味があります。

もうひとつだけ、悲しい告白をさせてください。

僕は、脳挫傷で倒れたとき、「自分が死んだほうが家族が幸せになれる」と思って泣いたという話を序章でしました。死ねば保険金がおり、生きれば家も子どもの未来も奪われる、そんなおかしな社会だ、と言ったじゃないですか。この涙は、社会の一員としてそんな状況をつくった自分への「怒りの涙」でした。

数年前のことです。病におかされた母が、ほほえみながら、ボーッと遠くを見つめていたんです。当時、子どもが3人いた僕は、その母の表情を見て恐ろしくなりました。母と叔母が１００歳まで生きて、施設に入居する費用がかかったとしたら、いったいどうすればいいんだろう、正直、ゾッとしました。

そして、残酷としか言いようのない最期をむかえたいま、あのときの母の表情を思いだすんです。邪気のない、天使のような、とてもかわいらしいあの笑顔を。

僕の気持ちがわかりますか？

生きていれば金を吸いとる悪魔に見え、死んでしまえばただただかわいらしい天使のように見える――同じ人なのに、愛すべき人なのに、「生きている」だけで、その人は「費用」とみなされ、精神的・物理的な「負担」に変わるのです。

こんな社会は異常です。だからわかってほしい。ベーシックサービスは、サービスをタダにするだけの政策ではありません。人間が人間らしく生きられる社会をつくるうえで、歴史的に根拠のある、実現可能な、最後の切り札なのです。

僕は、愛する人が生きていることが喜びだと言える、そんな当たり前の社会にしたい。それはみんなの願いだと思う。だから、一人ひとりの願いをつむいで社会を編み変えたい。痛みと喜びをみんなで分かちあいながら、この世の中を生きる仲間たちの幸せと、自分自身の幸せとを調和させる、人間の顔をした社会を子どもたちに残したい。

いま僕の感じている痛みと苦しみは、僕かぎりで終わりにせねばなりません。大人の命が、子どもの苦しみにつながる社会など、絶対に、絶対に、終わらせなければならないのです。

生きること
それは「人と人の間にいる」こと

だけど、この決意は、答えの半分しか示せていないのです。必要からの人間の解放は、人間が自由に生きるための条件のひとつでしかないのですから。

母と叔母がお金の心配をせずに医療や介護のサービスを受けられるようになる。姉夫婦が老後の心配から解放され、母と叔母の命のそばにいられるようになる。愛する人たちが好きなだけ生きられ、それをまわりの人たちが祝福できる。

仮に、そんな社会がやってきても、母と叔母が地域社会のなかで「孤立」し「孤独」におびえていたという問題は、なにも解消されないのです。

アーレントは、『人間の条件』のなかで、こう言っています。

古代ローマでは「人と人の間にいること」すなわち「人間であること」を「生きる」ことと同じ意味で使っていた、そして、「人と人の間にいることをやめること」は、「人間をやめる」ことであり、「死ぬ」ことを意味した、と。

母や叔母は、お金の面では、なにも苦労していませんでした。そして、ケアマネさん、理学療法士さん、介護士さん、みなさん優しいかたばかりで、いろんな人たちから、適切な介護サービスを受けていました。

だけど、母と叔母は、「地域」という公共空間のなかで、「人と人との間」にはいませんでした。まわりの人たちとかかわることができませんでした。

姉夫婦がずっとそばにいられたとしても同じことです。友人やご近所さんといったまわりの人たちとの関係を遮断されていたふたりは、古代ローマの発想からすれば社会的に死んでいたのです。

そう、僕たちは、物理的に生き、同時に、社会的にも生きています。であれば、「社会的」という、もうひとつの命のありようを語れない「社会構想」など、仏つくって魂入れず、表面的な、うわべだけの提案でしかありません。

だれにでも起こりうる悲劇をなくすために必要な条件はなんなのでしょう。ベーシックサービスの「先」へと議論をすすめていかねばなりません。

みなさんはソーシャルワークを知っていますか？

人間の価値が多様だからこそ、共通のプラットフォームに光をあてる、自分の力だけで生きていく「自己責任」の領域にくわえて、生きる、暮らすための必要を満たしあう「共にある」領域をつくっていこう、僕はこう訴えたくて、ベーシックサービスを提案しました。

では、基礎的な保障がおこなわれたあと、個別の人間が抱えている生きづらさや息苦しさはどのように改善されればよいのでしょう。個人のニーズだからって、それをすべて個人まかせにしていてよいのでしょうか。個人ニーズを自分で満たせずに苦しんでいる人たちに、ただ義務を押しつける社会でよいのでしょうか。

この重要な問いにたいする答えのひとつが「ソーシャルワーク」です。

耳慣れない言葉かもしれませんね。せまい意味で言うと、社会福祉士や精神保健福祉士といった資格をもつ人たちのことをソーシャルワーカーと呼びます。国際的な定義では、次のような条件が示されています。

(1)　実践をベースとした専門職、学問分野であり

(2)　地域や民族に固有の知からなる理論を土台に暮らしの課題に取り組み

(3)　ウェルビーイングを高めるべく、人びとやさまざまな構造に働きかける

以上に示されるように、ソーシャルワークは、実践と学問を結びつけながら、人間の福祉を高めるために人びとやさまざまな構造に働きかける仕事です。

注意してください。ソーシャルワークは、医療や介護のサービスを提供する仕事ではありません。体を健康にする、身体的な機能を補助する、ではなく、その人が抱えている「生きづらさ」を改善するために、その周囲にいる人たちや、問題の背景にまでアプローチしていく仕事です。

同じ視点は、WHOの憲章にも出てきます。同憲章では、「健康とは、病気ではないとか、弱っていないということではなく、肉体的にも、精神的にも、そして社会的にも、すべてが満たされた状態にあること」と定義しています。

たんに介護の必要な状態や病気の状態から抜けだすだけではなくて、精神的、社会的にも健康な状態が保たれてはじめて、人びとの権利は守られるというわけです。以上の発想からすれば、僕の母と叔母は、社会的に見て「不健康」な状態でしたし、その解消こそソーシャルワークの課題だった、ということになります。

親のネグレクトと子どもの不登校 だれの責任か？

では、ソーシャルワーク／ソーシャルワーカーは、どのようにそれぞれのニーズを満たしていくのでしょうか。簡単な事例で説明しましょう。

ひとり親家庭の子どもが、不登校に苦しんでいて、この子の家庭では、親のネグレクトが疑われていると仮定しましょう。これは、教育サービスはあたえられていても、そこにアクセスできない子どもの困りごとです。

こうした問題に対応すべく、現在の小中学校には、スクールカウンセラーが配置されています。ただ、その数は十分でなく、ほとんどが非常勤です。週に1、2回出勤するカウンセラーが子どもと面談し、状況を把握しながら、アドバイスをする、というのが一般的なケースだと言われています。

こうしたカウンセリング業務はとても重要なものです。ですが、相手の話を聞き、アドバイスするだけで、しかも、限られた時間の面談だけで、子どもの不登校が改善するか、と問われるならば、答えにつまってしまいます。というよりも、人的にも、時間的にも大きな制約のあるカウンセラーにそこまで期待するのは気の毒だ、というのが僕の率直な感想です。

不登校問題を改善しようと思えば、まず、親のネグレクトが子どもの不登校の原因かどうかを突きとめねばなりません。ここまでは学校の現場でも対応可能です。

ここではそれが原因だったとしましょう。であれば、子どもの生活環境そのものにアプローチし、これを変えていかないと事態は改善しません。ところが、学校の先生やカウンセラーが家庭のなかに入りこむのは、相当、困難なことです。

おまけに、ネグレクトと言っても、栄養面、衣服面、衛生面といった身体的なケースから、対話の欠如、他人に迷惑をかける行為や子どもにとって危険な状況の放置といった、精神的、環境的ケースにいたるまで、内容はさまざまです。これを特定することも、かなりの能力が要求される話です。

ここでも幸い、学校の現場で、これらのケースが特定されたとしましょう。その際には、児童相談所（児相）との連携が必要になりますが、児相への相談件数のうち、学校からの相談割合は１割にも届かないというデータがあります。

教育に多大なエネルギーを割かれる学校の先生、あるいは非常勤のスクールカウンセラーが児相と持続的な関係をもつのは、とてもむつかしいことなのです。

問題はここからです。いよいよ、親のどんな状況がネグレクトを生んでいるのかを見きわめなければなりません。

まずしさ、会社で働く条件や人間関係、親の介護の負担、夫婦間の不和、金銭的なトラブル、身体的な不調、ここでもまた数えきれない理由が浮かんできます。また、加害者である親自身が被害者という側面が見えてきますし、親が自分の置かれた状況に苦しみ、助けを求めているケースもたくさんあります。

これらのケースでも、児相や児童養護施設等との連携が欠かせません。施設にでも、子どもはもちろんのこと、十分な情報をもたない親たちがこうした施設にアプローチするのは大変なことです。学校側からしても、そこまでの対応は、教育機関の仕事の範囲をこえていると考えるでしょう。こうして、この家庭は、地域のなかで「孤立」することになっていくわけです。

いかがでしょうか？　一人ひとりの困りごとは多様であり、その困りごとの背景には無数の要因、可能性が存在しています。「どこかの機関のだれかが責任をもつ」というアプローチではとうてい問題の解決にはつながりません。

問題を解きほぐし、課題を特定し、その解決に必要な組織や制度に子どもや親をつないでいく「接着剤」のような役割を果たす人たちが欠かせません。地域に眠っている人的、制度的な資源をつなぎながら、一人ひとりの個人ニーズにアプローチする仕事、それがソーシャルワークなのです。

身近を革命する人たち

ソーシャルワーク——また「社会」の登場です。この本ほど、社会という言葉をあちこちで使う本はめずらしいかもしれませんね。

本当は、社会という言葉は、おっかない言葉なんです。一人ひとりの権利を抑圧する道具として、「国家」を避けつつ、献身を求める言葉として、社会という語はしばしば利用されてきました。戦前の「社会連帯」についてもお話ししましたよね。

ですが、そのおっかなさを承知のうえで、僕は、「よりよい社会の構想」をしたいと思ってこの本を書きました。そして、ソーシャルワークは、社会の見えかたを変えてくれるという意味で、とても大切な視点だと思っています。

少しこの言葉を整理したいと思います。

社会は本当にいろいろな意味で使われます。「個人」にたいして、個人の集合をさして「社会」と呼ぶことがあります。あるいは、強制力をもつ「国」にたいして、そうした強制力をもたない、国以外の存在を「社会」とよぶこともあるんです。

さまざまな使われかたがあるのですが、ここではふたつの意味に注目しましょう。

ひとつは、個人に解消できない、共有された価値をさす場合です。

個人的な価値、社会的な価値といった場合、後者では単なる個人の集合としてではなく、個人とはちがう、関係の総体として「社会なるもの」が存在することを前提にしていますよね。個人には分解できない、社会的ななにか、があるのです。

もうひとつは、「経済的な領域」にたいして、家族や共同体のようなボランタリーな領域をさして「社会的な領域」と呼ぶような場合です。

この場合、物的な、お金もうけの欲求よりも、精神的な、人と人との関係が追求されます。あるいは、市場のように、外にむかって完全にひらかれるものというより、プライベートな閉じられた空間をさすのが一般的でしょう。

僕はなぜ、「社会」という言葉を細かくわけているのでしょうか。それは人間がいろんな「社会」に属しているということ、つまり、人間にはいろんな顔があるという大切な事実を浮き彫りにしたいからです。

ネグレクトをする親と不登校の子ども、ふたりにむかって、個人の集合としての

「社会」とか、国とはことなる、強制性のない「社会」を語ったとして、何か意味をもつでしょうか。仮にそれが学問的、政治的に意味をもったとしても、です。

むしろ問題なのは、自分たちの暮らす地域や空間で共有されている価値や関係からふたりが取りこぼされていること、もっともせまい社会である家族のなかに閉じこめられてしまい、学校や地域といった他者とのかかわりをもてず、「孤立」してしまっていることではないでしょうか。

僕はこの本のなかで何度も「社会を変えよう」と訴えました。でも、その変えるべき「社会」にはいろんな顔があります。ひとり親家庭のふたりと同じように、僕の母と叔母も「孤立」に苦しんでいました。そんなふたりが変えてほしかったのは、個人の集まりとしての社会でも、国以外のなにものかでもありません。

そう、「身近」という名の「社会」こそが、ふたりが変えてほしかったすべてだったのです。ふたりの置かれた不安定な状況を変え、まわりの人たちが気にかけあえる環境をつくる仕事が、ソーシャルワークです。だから僕は、ソーシャルワーカーを、「身近を革命する人たち」と定義するのです。

それは福祉ではなく、自治だ！

このように、ソーシャルワークにたいする僕の期待はとても大きなものです。でも、ひとつだけ不満があります。

それは、国際定義に示されている、「専門職」「学問分野」という位置づけです。べつに、ソーシャルワーカーは専門職だ、という定義に文句を言いたいわけではありません。先のケースで言えば、ソーシャルワーカーが学校に配置され、カウンセラーのような精神的なケアとはことなり、専門性をいかして家庭のなかの状況を把握し、行政や児相との連携をすすめていくことは、とても大切なことです。

でも、ソーシャルワーカーが、一人ひとりの「身近を革命する人たち」だ、という見かたを大事にしたい僕からすれば、それを専門職や学問という狭い範囲のなかに押しこめてしまってよいのか、という想いがあります。

いま厚生労働省が推進している施策のひとつに「地域包括ケア」があります。

地域包括ケアとは、「医療や介護が必要な状態になっても、可能な限り、住み慣れた地域でその有する能力に応じ自立した生活を続けることができるよう、医療・介護・予防・住まい・生活支援が包括的に確保される」というものです。

僕はこの方向性には賛成です。でも、「住み慣れた地域」で「自立した生活を続ける」というときに、医療や介護といったサービスが確保されるだけじゃダメなことは、みなさんもお気づきのはずです。

では、「住み慣れた地域」のなかで「自立した生活を続ける」というとき、この「自立した」という言葉には、どんな意味がこめられているのでしょうか。

それは、専門家としてのソーシャルワーカーが一人ひとりの生きづらさにアプローチすることで生まれる「自立」かもしれません。だけど、僕の母や叔母の苦しんでいた「孤立」からの解放、つまり「人と人の間にいる」という人間としての「自立」は、もっと心の内側の、ささやかなものだった気がするんです。

想像してください。

「ここのおウチのおばあちゃんたちは立派なのよ。借金に苦しんだ時期もあったけどね、息子さんを大学にいかせるためにできた借金でね。でも、息子さんは、東大をでて、いまじゃあ慶應の教授。よくもまあ、ふたりで頑張ったものよね」

こんなちょっとした言葉で、母や叔母を地域とつなぎあわせてくれる人がもしいてくれたら……ふたりの人生はまったくちがったものになったと思うのです。

これは専門職の仕事というより、世話好きなだれかの趣味のレベルかもしれません。じゃあ、こうした活動は、ソーシャルワークではないのでしょうか。

僕にはそうは思えません。互いが互いをケアする（＝気にかける）ことのできる街にさえなれれば、「身近を革命すること」はだれにだってできるのです。

これはまったくあたらしい話ではありません。ようは「自治」の話です。

自治という視点から見れば、ふたりの孤立は、福祉、災害、教育、環境、祭事など、さまざまな地域の課題のなかのひとつでしかありません。この地域に眠っている、総合的な課題解決の力を育んでいくこと、その営みの全体こそが、自治であり、ソーシャルワークじゃないのか、僕にはそんな気がしてならないのです。

ソーシャルワーカーとベーシックサービス

自治は、専門職としてのソーシャルワーカーにとって、大切な条件になります。彼女ら／彼らが、教育や福祉の課題を本当に解決していこうとするのであれば、地域の人たちとの連携は不可欠だからです。

先の親と子の問題をもう一度考えてみてください。いくら専門的な教育を受けてきたソーシャルワーカーであったとしても、自分が生まれ育ったわけでもない場所で、地域の人たちのアシストなしに業務を遂行できるでしょうか。

家庭というプライベートな空間に、いきなり入りこめるわけはありません。ですから、自治会の会長さん、民生委員さんや児童委員さんなどの協力なしでは情報収集すらままならないはずです。あるいは、人手不足で苦しんでいる児相だけじゃなく、ＮＰＯやＰＴＡなどの地域組織との連携も欠かせないでしょう。

行政とのつながりも重要です。ソーシャルワーカーの活動が地域の人的、制度的資源と密接に結びついているのであれば、コミュニティ政策を推進する部局が、先に示した人材、地域組織を積極的にソーシャルワーカーにつなげるべきです。

こうした取り組みは、ときにソーシャルワーカーが地域を巻きこみ、ときに地域がソーシャルワーカーを巻きこみながら、地域の全体でソーシャルワークを実践していく、ダイナミックなプロセスの一部ではないでしょうか。

ただしこれは、昔ながらの自治への回帰ではありえません。

自治が原動力となる社会を思い描いたとき、ふたつの「公的な責任」が浮かんできます。と言いますか、公的責任なき自治は、責任の丸投げでしかありません。

ひとつは、こうした自治の動きを支えるための財政の役割です。

僕は全国市長会のなかで「地方連帯税」を提案しました。この案は、名称を「協働地域社会税」と変えて採用されました。協働地域社会税とは、住民税なり、固定資産税なり、全国一律で課税をおこない、その財源を地域活動の拠点づくりやソーシャルワーカーの雇用に結びつけていく、というものです。

ちなみに、第3章では、ベーシックサービスの無償化のために、消費税を6％引きあげる必要があると言いましたよね。この結果、医療扶助や教育扶助、介護扶助といった生活保護がいらなくなることを指摘しました。

じつは、これで2兆円近い財源が節約できるんです。この一部を協働地域社会税に置きかえていけば、全体としては税負担は増えない計算になります。

もうひとつは、ベーシックサービスの保障もまた、あたらしい社会の重要なピースになる、ということです。

これはすでに第2章で述べた、「定時に帰宅できる社会」とつながっています。

長時間労働やサービス残業から自由な社会では、平日の夜を家族との時間に使い、週末を趣味や地域での活動にあてることができる社会です。自治の担い手づくりは、こうした生活保障の延長線上に位置づけることができるのです。

さあ社会を語ろう、そして変えよう

いよいよ最後になりました。いま、なんと言うか、不安な気持ちで一杯です。

僕は、はしがきで、この本を「社会の語りかた／変えかた」に悩んでいる人たちに届けたい、と言いました。でも、「社会を語ろう、変えよう」というメッセージはいまの時流にかなったものではありませんし、僕の政治とのかかわりや、生い立ちの話にまで踏みこんだおかげで、予想どおり「熱苦しい」本になりました。

ただ、わかってはいても、僕にはこういう書きかたしかできないんですよね。人間の思想や哲学は、その人の生きかたとは切りはなせないと思うから。

アーレントの議論は、彼女がナチスに迫害された体験とは切っても切りはなせません。僕も同じです。家族の不幸という悲しい体験がなければ、彼女の議論の意味も、大切さも、理解できなかったことでしょう。政治とかかわり、数えきれない批判や反論をくぐり抜けていなければ、僕の議論にはわずかな説得力もなかったでしょうし、ここまで書ききる勇気ももてなかったと思います。

序章でもお話ししましたが、僕の議論の根底には「不条理への怒り」があります。僕は3度死にかけました。1度目は母が僕を産むか、産まないかを悩んだとき。2度目は、闇金融の関係者と大げんかになり、車で連れ去られたとき。そして3度目は脳挫傷で死にかけたときです。

でも僕は生きてるんです。どんなにぼんやりした僕でも、自分が幸運なことくらいはわかります。幸運というだけの理由で、僕はこの本を書き、自分の思いをみなさんに伝え、家族と生きていく幸せを感じることができているんです。

だから、僕は、反対の状況が絶対にゆるせない。

運が悪いという、たったそれだけの理由で絶望する人たちがいる。そんな状況は不条理です。僕は、その不条理に徹底的に刃向かわなければなりません。でなければ、運よく生きのびられた幸運も、命懸けで僕を育ててくれた母や叔母の努力も、まったく意味を失ってしまうでしょう。

僕は、愛する価値のある国を、自分たちの手でつくりたい、それだけなんです。

一方に、同胞愛が強く、命懸けで国を守ることを美徳とする人たちがいます。その人たちに言いたい。命を懸ける覚悟、同胞を案じる心があるのなら、この社会を生きるすべての仲間が直面する痛みのために闘え、社会を変えろ、と。

もう一方に、愛国心を嫌い、平和を求め、弱者の命を重んじる人たちがいます。その人たちに言いたい。なぜ愛する価値のある国をつくろうとしないのか、企業や金持ちを嫌うのではなく、将来への不安におびえるすべての人たちの未来を語らないのか、みんなの安心こそが平和な社会への近道ではないのか、と。

そうなんです。国を愛する気持ちと、不公正を憎む気持ちは、まったく矛盾しないのです。僕は、すべての人間の将来への不安を取りのぞき、一人ひとりの生きづらさを放っておけない、そんな誇り高き国をつくりたい。いまの国を愛せないのなら、愛するにたる国を自分たち自身の手でつくりたい、心からそう思っています。

これが「自由への闘い」という仰々しい言葉にこめた想いです。

どうでしょう。みなさんの心のどこかに、何かが引っかかったでしょうか。

もしそうなら、さあ、語りましょう。変えましょう。社会を。あなたの身近を。

当たり前のことを、当たり前にできる、手づくりの、誇り高き国をめざして。

あとがき

僕はあとがきで熱弁をふるうくせがあるんです。でも、今回はその気力がありません。思いの丈も、語るべきことも、すべて書き尽くしました。もう、最後に書けるのは、反省とお礼だけです。

僕はこれまで、「社会を変える」という言葉を避けてきました。自分は学者だし、政治家じゃない、社会を変えたい人たちの選択肢を示すのが僕の仕事だ、そんなふうに思ってきました。

でも、これって、かなり高飛車な話だったと思います。我ながら。

僕は社会を変えたいんです。でもみんなと一緒じゃないとムリ。だったら、こんなふうに社会を変えたいという見取り図を示し、ああしよう、こうしようと語りかけるのが本当の責任のはず。語りあわず、設計図だけ書いて、だれかに世の中を変えさせようと思うのって、ぶっちゃけ、ただの上から目線ですよね。

僕の持論をみなさんに示す。あれこれ語りあって、批判しあって、みんなでこんな社会がいいねって夢を見る。一つひとつの夢は微妙にちがってる。でも、なんとなく同じ方向を見てて、それぞれがそれぞれの領域で何かを変えていく。僕自身、そんな大きな流れに飲みこまれたい。そんなふうに思えるようになったんです。心境の変化はたぶんに老いによるものだと思います。でも、僕に数えきれない気づきをあたえてくれた仲間たちとの出会いも大きかったんです。

この社会には希望があります。人間という希望です。自分そっちのけでだれかの幸せを願い、現場のあちこちでもがき苦しんでる人たちがたくさんいます。そんな人たちとの出会いが、少しずつ、僕の心をひらいていってくれたように思います。もちろん絶望もあります。政治とかかわり、たくさんの痛みや悲しみを知りました。家族の不幸にみまわれ、悩み、もだえながら生きてきました。

小学館の竹下亜紀さんが連絡をくれたのは、そんなどん底のときでした。政治にのめりこんでいた僕が、ちょっとだけ出ている映画が公開されたんですよ。本文でも紹介した『なぜ君は総理大臣になれないのか』という作品。それをたまたま竹下さんが見たのがきっかけで、この本は生まれることになりました。

竹下さんの情熱的な文に心が揺れました。何かしなきゃ、まだ自分にはこんなエネルギーが残ってるんだ、って思った。元気をもらうって本当にあるんですね。いま、書ききった感で一杯なんですが、この満足感は、政治に敗れた悲しみとつながっていました。あの痛みがなければ、執筆のチャンスも、いまの満足感もなかったのです。絶望が希望のはじまりだなんて、思いもしませんでした。悲しみとは光がさす直前の暗がりなんですよね。なんかすごいことに気づけた気分です。竹下さん、誘ってくれて、本当にありがとうございました。

僕の尊敬する哲学者ヴィクトール・E・フランクルの言葉で本を閉じさせてください。

「『強制収容所ではたいていの人が、今に見ていろ、わたしの真価を発揮できるときがくる、と信じていた』けれども現実には、人間の真価は収容所生活でこそ発揮されたのだ。おびただしい被収容者のように無気力にその日その日をやり過ごしたか、あるいは、ごく少数の人びとのように内面的な勝利をかちえたか、ということに」

悲しみの未来も、喜びの未来も、いまの延長線上にあります。必ずあります。だからこそ、僕たちは、「いつかやろう」ではなく、いまこの瞬間に、「何をすべきか」を考え、語るべきだと思うんです。

最後にもう一度、みなさんに言わせてください。

さあ、社会を語ろう、そして変えよう、一緒に。

2021年3月23日
貫太郎が卒業する日の朝に

井手英策

著者

井手英策（いで えいさく）

1972年、福岡県久留米市生まれ。東京大学大学院経済学研究科博士課程修了。日本銀行金融研究所、東北学院大学、横浜国立大学を経て、現在、慶應義塾大学経済学部教授。専門は財政社会学。総務省、全国知事会、全国市長会、日本医師会、連合総研等の各種委員のほか、小田原市生活保護行政のあり方検討会座長、朝日新聞論壇委員、毎日新聞時論フォーラム委員なども歴任。著書に『幸福の増税論——財政はだれのために』(岩波書店)、『富山は日本のスウェーデン 変革する保守王国の謎を解く』(集英社)、『欲望の経済を終わらせる』(集英社インターナショナル)、『18歳からの格差論』『いまこそ税と社会保障の話をしよう！』(いずれも東洋経済新報社)、『ふつうに生きるって何？ 小学生の僕が考えたみんなの幸せ』(毎日新聞出版)ほか多数。2015年大佛次郎論壇賞、2016年度慶應義塾賞を受賞。

Carl Benedikt Frey & Michael A. Osborne, 2017, The future of employment: How susceptible are jobs to computerisation?, (https://www.sciencedirect.com/science/article/pii/S0040162516302244)

ILO, 2018, Universal Basic Income proposals in light of ILO standards – Key issues and global costing, *ESS Working Paper No.62.*

ILO, 2009, *The Financial and Economic Crisis: A Decent Work Response.*

OECD, 2014, Trends in Income Inequality and its Impact on Economic Growth, *OECD Social, Employment and Migration Working Papers, No. 163.*

OECD, 2008, *Growing Unequal: Income Distribution and Poverty in OECD Countries.*

インターネット記事（2021年3月23日閲覧確認）

翁百合「誤解されたスウェーデン『コロナ対策』の真実」
（https://toyokeizai.net/articles/-/369313）

山内正敏「『日常をできるだけ維持する』スウェーデンのコロナ対策」
（https://webronza.asahi.com/science/articles/2020033000003.html）

東京新聞「『一斉休校』首相決断の舞台裏　官邸は文科省の代案を突っぱねた」
（https://www.tokyo-np.co.jp/article/43734）

朝日新聞「臨時休校要請、首相『独断』に腹心の影　菅氏ら置き去り」
（https://www.asahi.com/articles/ASN2X74BSN2XUTFK03F.html）

AFP　BB News「コロナ禍を権力強化に利用、民主主義は弱体化 著名人らが警告」
（https://www.afpbb.com/articles/-/3290351）

【地球コラム】「独自のコロナ対応貫くスウェーデン」
（https://www.jiji.com/sp/v4?id=20200720world0002）

アマルティア・セン（1989）『合理的な愚か者～経済学＝倫理学的探究』勁草書房

ヴィクトール・フランクル（2002）『夜と霧　新版』みすず書房

ガイ・スタンディング（2018）『ベーシックインカムへの道　正義・自由・安全の社会インフラを実現させるには』プレジデント社

ケネス・シーヴ＆デイヴィッド・スタサヴェージ（2018）『金持ち課税～税の公正をめぐる経済史』みすず書房

ジョン・デューイ（1975）『民主主義と教育（上）』岩波書店

ステファン・エセル（2011）『怒れ！憤れ！』日経BP

トマス・ペイン（1982）「土地配分の正義」『近代土地改革思想の源流』御茶の水書房

ハートレー・ディーン（2012）『ニーズとは何か』日本経済評論社

ハンナ・アレント（1994）『人間の条件』筑摩書房

ハンナ・アーレント（1994）『過去と未来の間　政治思想への8試論』みすず書房

フィリップ・ルビロア（1972）「講演録　フランスの付加価値税について」『租税研究273号』公益社団法人日本租税研究協会

マニュエル・カステル（1989）『都市・階級・権力』法政大学出版局

ラリー・ランダル・レイ（2019）『MMT現代貨幣理論入門』東洋経済新報社

L・ドイヨル＆I・ゴフ（2014）『必要の理論』勁草書房

Anna Cotte & Andrew Percy, 2020, *The Case for Universal Basic Services*, Polity.

Bo Rothstein and Eric Uslaner. M. 2005 "All for all - Equality, Corruption, and Social Trust." *World Politics*,Vol.58, No.1.

Ian Gough, 2019, Universal Basic Services: A Theoretical and Moral Framework, *The Political Quarterly, Vol.90, No.3.* WILEY Blackwell.

Junko Kato, 2003, *Regressive Taxation and the Welfare State: Path Dependence and Policy Diffusion*, Cambridge University Press

Jonathan Wolff, 1998, Fairness, Respect, and the Egalitarian Ethos, *Philosophy & Public Affairs, Vol.27 No.2*

参考文献

池田敬正（1986）『日本社会福祉史』法律文化社

井手英策（2018）『幸福の増税論――財政はだれのために』岩波書店

井手英策・柏木一恵・加藤忠相・中島康晴（2019）『ソーシャルワーカー――「身近」を革命する人たち』筑摩書房

井上友一（1909）『救済制度要義』博文館

岩本晃一（2018）「人工知能AI等が雇用に与える影響：日本の実態」RIETIポリシー・ディスカッションペーパー

大沢真理（2009）「失業給付を受けない失業者　日本の比率は主要国で最高レベル」『学術の動向』公益財団法人日本学術協力財団

奥村賢一（2018）「ネグレクト児童の支援におけるスクールソーシャルワーカーの役割に関する一考察――小学校教員を対象としたアンケート調査から」『福岡県立大学人間社会学部紀要 Vol.26 No.2』

木村大治ほか（2008）「特集：〈共にある〉哲学」『談』vol.81　公益財団法人たばこ総合研究センター

金融広報中央委員会（2020）『令和2年　家計の金融行動に関する世論調査』

生活保護問題対策全国会議監修（2011）『生活保護「改革」　ここが焦点だ！』あけび書房

新家義貴（2020）「幼児教育無償化とGDP」『Economic Trends.』

長幸男（1963）『日本経済思想史研究～ブルジョア・デモクラシーの発展と財政金融政策』未来社

冨江直子（2007）『救貧のなかの日本近代』ミネルヴァ書房

日本政策金融公庫（2020）『教育費負担の実態調査結果』

宮沢俊義（1978）『全訂　日本国憲法』日本評論社

安丸良夫（1999）『日本の近代化と民衆思想』平凡社

アクセル・ホネット（2003）『承認をめぐる闘争　社会的コンフリクトの道徳的文法』法政大学出版局

カバーデザイン／柳谷志有（nist）
本文デザイン／平塚兼右（PiDEZA inc）
本文組版・図版作成／新井良子、矢口なな（PiDEZA inc）
校正／玄冬書林

どうせ社会は変えられないなんてだれが言った？
ベーシックサービスという革命

2021年7月3日　初版第1刷発行

著者　井手英策
発行者　小澤洋美
発行所　株式会社　小学館
〒101-8001
東京都千代田区一ツ橋2-3-1
電話　（編集）03-3230-5125
（販売）03-5281-3555
印刷所　共同印刷株式会社
製本所　牧製本印刷株式会社

ISBN978-4-09-388819-6

＊制作／浦城朋子・斉藤陽子　販売／椎名靖子　宣伝／野中千織　編集／竹下亜紀